“十三五”国家重点出版物出版规划项目

图解服务的细节

030

飲食店完全バイブル　マンガで学ぶクレーム　トラブル対策２５カ条

漫画餐饮店经营

【日】石川森彦、原田谛、日本《日经餐馆》　著

毕玺　译

人民东方出版传媒
People's Oriental Publishing & Media
東方出版社
The Oriental Press

图书在版编目（CIP）数据

服务的细节030：漫画餐饮店经营 /（日）石川森彦，（日）原田谛，日本《日经餐馆》著；毕玺 译.—北京：东方出版社，2015.8
（服务的细节）
ISBN 978-7-5060-8401-7

Ⅰ.①服… Ⅱ.①石… ②原… ③日… ④毕… Ⅲ.①饮食业—商业经营—通俗读物 Ⅳ.①F717.5-49

中国版本图书馆CIP数据核字（2015）第206900号

服务的细节030：漫画餐饮店经营
（FUWU DE XIJIE 030: MANHUA CANYINDIAN JINGYING）

作　　者：［日］石川森彦　［日］原田谛　日本《日经餐馆》
译　　者：毕　玺
责任编辑：吴　婕　高琛倩
出　　版：东方出版社
发　　行：人民东方出版传媒有限公司
地　　址：北京市东城区东四十条113号
邮　　编：100007
印　　刷：北京京都六环印刷厂
版　　次：2015年9月第1版
印　　次：2017年8月第3次印刷
开　　本：880毫米×1230毫米　1/32
印　　张：7.125
字　　数：75千字
书　　号：ISBN 978-7-5060-8401-7
定　　价：36.00元
发行电话：（010）85924663　85924644　85924641

前言

“顾客在店里吵起来了”“上错菜让顾客生气了”……

经常接触顾客的餐饮店老板、店长每天都会遇到各种各样的投诉及问题。像这样的问题必须在当场立即解决，但很多餐馆都烦恼没有充分的时间来和全体员工探讨解决问题的对策。

本书的主人公阿正有丰富的餐饮店咨询经验，将带领大家看看餐饮店各种问题的预防及处理对策。

“漫画”这种形式容易阅读，大家可在休息时间轻松阅读。只要各位参考阿正的建议，并和全体员工一起探讨投诉及问题处理对策的话，肯定能让餐馆环境变好。

想要让你的餐馆生意更加兴隆，那就跟阿正一起学习投诉及问题处理对策吧。

日经餐馆杂志编辑部

目录

第2章
找出顾客减少的原因 ……53

第 3 章

理解顾客的不满

第 4 章

防患于未然
……137

第5章

减少人际关系摩擦

主人公
阿正

传说中走遍全日本的厨师。
曾经营过人气颇高的日式餐厅及西餐厅，由于某个机缘转为餐饮店咨询顾问。
看到经营状况不佳的餐馆及发愁的店主就积极给予建议，帮助过很多餐馆改善经营状况。
曾巡游过海外的各种餐饮店，后回到日本开展餐饮店咨询工作。

第1章
缓解顾客的怒气

阿正的建议

“电话应对
是待客的第一步。”

第1条
不良习惯易引发顾客投诉
山梨县某处——
Restaurant Pino
レストラン
那位顾客好生气啊！
之前来的时候不是也有人在抱怨？
对啊，对啊！
以后我们别来这家店了！
嗯，搞得我心情都不好了。
我们重找家店吧！
……

意大利面还没来啊！
抱歉……
在我之后点餐的人的菜都上了！
因为下单后才开始煮面，所以要花些时间。
真的吗？那你怎么不提前说啊！
我很着急！
非常抱歉。面马上就好……
算了吧！我要走了！
非常抱歉。
这样做不行啊！
我点的不是汉堡套餐，是生姜炒猪肉套餐！
你怎么听的啊？
真烦……
抱歉！马上给您重做！

我在问为什么会把订单弄错！
抱歉，听错了……
听错了？
跟你没法说！
店长呢？
店长出去了，两小时后才会回来。
麻烦您留一下电话，等他回来后再给您打过去。
我怎么可能把电话告诉给你们这样糟糕的店！
不妙啊……
谢谢光临！
不好意思给您添麻烦了，非常抱歉！
你是谁？
我是店长的朋友，也在经营餐厅。
麻烦您两小时后再打电话来好吗？
我让店长立刻给您回复！
嗯，那好吧。
我再打电话过来。
非常抱歉。

太谢谢您了！
您是店长的朋友吗？
不是。
我就是碰巧路过看到了，忍不住要帮忙的。
为了答谢您我们免费赠送您一道菜吧，请随便点。
没事，
不用客气。
两小时后——
午餐菜单
我是店长井上。
谢谢您帮忙解围。
没事。
我是专门为餐饮店提供咨询的顾问。
哦，
这样啊。
刚刚看了看店里的气氛，感觉有点不对劲啊……
最近是不是顾客投诉变多了？
呃？
您怎么知道的？
确实这半年来投诉变多了……
果然如此……
井上店长，那您得尽快解决问题啊！
很多顾客都把贵店称作“问题餐厅”！
什么？
怎么回事？

午餐时我在店门口听到两位像是常客的女顾客说：
“以后不来这家问题餐厅了。”
真有此事？
流言瞬间就流传开了。
啊，那我该怎么办？
投诉增多前店里有没有什么变化，特别是服务员？
由于销售业绩不好，所以减少了服务员。
仅仅如此吗？
剩下的服务员基本上都是老员工，所以每次开会时的模拟待客演练也省去了……
减少了服务员又不练习如何待客，投诉自然就会增多啊！
不过现在的员工都习惯如何待客了啊。
就是“习惯”才可怕！忙起来时肯定有时连和顾客说话的时间都省去了！
……什么意思？
刚才有位女顾客投诉，其实她在点餐时如果服务员就告诉她“意大利面需要花些时间”的话，问题就不会发生了。
这可是待客的基本原则啊！
是的……
另外，只要日常练习待客就能防止点错餐的情况！
可能吧……

对了，
刚刚有位抱怨上错菜的顾客还没打来电话吧?
可能不会打来了。
为什么啊?
那位顾客先是听到了附近女顾客的抱怨，后来看到自己的菜也上错了才生气的。
现在情绪应该稳定下来了。
这样啊。
投诉是会传染的。
要是顾客很心急的话，就容易受到其他生气顾客的影响。
平时能容忍的失误，在这种情况下顾客也会生气起来。
所以才会被顾客称为“问题餐厅”吧!
是的。
对策就是要认真练习待客。
阿正先生，
您要是有时间的话，能给我们指导一下待客练习吗?
今日营业已结束。
期待您下次光临!
当然，
没问题。

那么阿正先生扮演顾客，
我们开始模拟待客吧。
好的。
小川，你先来试试！
来份这个铁板烧。
好的。
铁板烧大概需要 10 分钟
左右的时间，可以吗？
是吗？
那么我换别的好了。
什么菜立即就能上啊？
嗯……
请稍等。
唉呀
唉呀，
不行啊。
你不会忘了吧？
下一个到你，
河合君。
一个月后——
投诉减少了，老顾客
也回来了。

本节要点 日经餐馆杂志编辑部

提高待客水平，减少顾客投诉

如果店里有顾客投诉的话，就很有可能让其他顾客也感到不悦，如本节介绍的那样，最后引发其他顾客的投诉。

有些顾客绝不姑息自己的不满意之处，于是就可能不讲理地大声抱怨。比如有的顾客一个人就占用两张双人桌，人多时也不肯让出一张双人桌，自己还会发火。而有的顾客会顽固地主张自己的感受及意见，比如自己在吸烟区吸着烟，却抱怨“旁边桌子的人烟味太重”等。

其实减少失误并做好基本的待客就能有效防止这些情况的发生。当顾客来店时，一定要由店员安排座位，并事先让顾客知晓在高峰期人多时有可能要分桌或移位。点餐时服务员要复述菜名，当烹调时间较长时要与顾客确认，比如“这个菜需要 ×× 分钟，可以吗？”等。还要让员工按照从接待顾客进门到买单送客的顺序定期练习待客。

一旦待客礼仪变好，不仅顾客投诉会减少，顾客也会变得礼貌起来。在一家餐厅有位顾客平时称呼服务员总是很随便，而当服务员有意识地礼貌待客后，顾客也开始有礼貌地称呼服务员，而且也不随便抱怨了。

如果受到暴力威胁，就要立刻报警。店长可以每月去附近的派出所打打招呼，提前告诉警察自己餐馆的店名、地址及投诉情况等，当店内出现问题时，警察便可立即赶来处理。

第2条
让全体员工练习待客
北海道某处——
Gift
稀客啊，
你是来北海道避暑吗?
如果是那样就好了。
因为工作来到这附近，顺便过来看看。
这样啊……
最近店里生意如何啊?
呃……
最近发愁如何提高业绩呢。

这样啊，
其实哪都不好做啊。
这个图表是?
啊，
这是顾客投诉的数量。
有点多吧?
原因是什么?
我也不清楚。
我问了店长，
好像大家都严格按照规定
在做着……
这样啊。
现在还没开始营业，你能跟
我一起去看看吗?
嗯，好啊。

いざかや
まつり
早上好！
早上好。
今天精神不错嘛。
马上就要开始营业了吧。
嗯，
下面先开个小会。
今天……
我每次都会让他们练习模拟待客。
我要说的就是这些。
下面我们开始练习模拟待客。
今天美嘉来演服务员，
佑树来演顾客吧。
好的。

您决定好点什么了吗?
有什么特别推荐吗?
呃~
今天……呃，是鱼吧。
哈哈哈哈哈
今天的特别推荐不是竹荚鱼生鱼片吗?
对!是竹荚鱼生鱼片。
哈哈哈哈哈
嗯……
看样子根本达不到模拟待客的效果啊。
开始营业前没有充足的时间练习吧。
角色扮演不就是这个意思吗?
不对!
角色扮演的目的并不仅仅是为了熟悉规则!
……店长!
嗯?

辛苦了。
给你介绍一下，这位是我多年的好朋友。
是。
初次见面，
我是一名餐饮店咨询顾问。
初次见面，
我是店长田中。
听你们老板说最近对该如何应对顾客投诉很苦恼，是吧？
嗯，
是的。
没找到好的解决方法……
你知道为什么在餐馆搞角色扮演很重要吗？
啊？
不清楚……
只知道这是公司的方针，所以就按照规定做了。
以前我都是严格指导每位员工的，但店里的氛围就会变得很不好。
刚刚那位女服务员待客有问题，为什么不指出呢？
于是我想倒不如轻松愉快地练习。

我理解你的想法，
不过角色扮演是把餐馆风格告诉给店员的绝佳机会啊！
店长要明确指出员工接待方式的对与错，从而让员工知道本店的风格。
您说的我也明白……
不过不可能每天都有充裕的时间来做啊……
那么如果按照①基本待客，②个别场景，③顾客抱怨时的应对以及难易程度加以区分如何？
总之如果员工得不到练习反馈的话，就不可能提高接待水平。
……
明白了。
可以啊。
我会让老员工也来帮忙指导看看。

角色扮演中扮演顾客的角色尤其重要！
因为通过扮演顾客能切实体会到顾客的想法。
比如对于高龄顾客，推荐料理时说得太快就有可能让对方听不清楚。总之要尽可能地让员工在扮演角色时发挥想象力！
？
那些平时习惯按套路待客的员工通过扮演顾客能得到很好的学习。
明白了！
从明天开始改变练习方法！
几个月后——
店里的气氛好像变了啊！
多亏您的指导！改变了角色扮演的方法后，店员们的接待水平有了大幅提升！
まつり
いざかや
啊，
阿正先生，欢迎光临！
店员们也都能自信地待客了。
而且顾客投诉也基本上没有了。

本节要点 餐饮资讯顾问 今泉真木子

角色扮演需要注意的事项

角色扮演就是事先设定某个场景，然后由员工模拟如何待客的练习方法。这种练习方法从过去到现在一直被沿用着，但很多店里设定的场景总是一成不变，这样就会让员工觉得“被强制练习”。

特别是在员工关系融洽的店里，相互之间如果演得过火就笑着敷衍了事，也不好意思指出对方的不足之处，所以练习后也常得不到反馈。

要想通过练习切实提高待客水平的话，首先店长要在员工面前明确待客的判断基准。与其每次长时间练习，不如从短时间的场景开始练起，比如顾客来店时或点菜时的某个具体场景，这样更能把要点传达给员工。

店长如果明确评价员工待客方式的好与坏，并说明理由的话，员工就能再次明确店里的风格，并可以安心地待客及处理顾客投诉。

新员工需要先把角色扮演的各个基本环节都记住，所以这时候可以让老员工扮演顾客的角色。实际上扮演顾客最能培养个人的想象力，这也有助于提高待客水平。还可以让男服务员试着扮演女顾客的角色，或是让打工学生扮演顾客，这样就能让他们发现日常生活中注意不到的各个方面。

最后，需要记录下每个员工练习到了何种程度，以便相互间给予帮助。如果员工主动反映“××场景还没练习过，让我们练习看看”的话，说明角色扮演练习促进了店里服务的良性循环。

第3条
提前准备就能
提高上菜速度
岐阜县某处——
柳瀬
Yanagase
曾是东海地区屈指可数的柳濑
繁华街如今却如此萧条……
嗯，应该是这儿吧。
Shin 快心
这家店点完菜后上菜
总是很慢。
Kaishin
嗯，可以理解啦。
毕竟这么便宜还这么好吃。

欢迎光临！
你好，我叫阿正。
啊！
恭候您多时了。
姐夫现在在厨房忙着呢，
您先尝尝我们这的菜吧。
嗡
嗡
嗡
嗡
先给我来个中杯生啤吧……
今天有新到货的三文鱼。
要不要试试三文鱼生鱼片？
好啊！
再来个士幌产的油炸饼。
Menu
菜还没好吗？
马上就来！
让您久等了。
4个中杯生啤。
服务员！
在，
我马上就过去。

真慢啊。我们早来了，
可菜一个还没上呢!
让您久等了。
这是士幌产的油炸饼。
啊?
我想先尝尝三文鱼生鱼片呢。
打烊后
CLOSE
不好意思让您久等了。
你做的菜还是那么好吃，
厨艺一点都没退步啊。
听你这么说我很高兴。
今天请您来是因为最近店里生意不太好，所以想向您咨询咨询。
我想您过来的时候应该也发现了，这附近好多店铺因生意不好都倒闭了。
我对自己的厨艺还是挺有自信的，且菜的价格也很公道。
不过营业额却年年下滑。
阿正先生，拜托了。
生意不好也跟这条街人气不旺有关吧?
为了让路过的人品尝到姐夫做的美味佳肴，我也一直在店里帮忙。
请指出我们哪里做得不好吧!

知道了，那么就恕我直言了。
问题就在你——启二君。
什么?
店里生意不好的原因在于上菜太慢。
刚刚观察了一下店里的情况，由于菜上不来，很多顾客都在抱怨。
唉……
今天实在忙不过来了……
不过我做好了菜后，启二都会立即端给顾客啊……
对吧?
嗯……
菜做好了就立即给顾客端过去是理所当然的事啊!
你要是不告诉厨房哪个菜要先上，哪个菜该后上的话就不行!
刚刚虽然点了你推荐的生鱼片，可先上来的却是油炸饼。你完全没有考虑上菜的先后顺序啊!
负责油炸食品的打工伙计昨天请假，换到今天来上班了，
油炸食品就先上了……
上菜前的准备工作做得如何啊?
如您所知，
我烹饪前都会认真地准备食材。

生鱼片我会小心剔除鱼刺，炖肉我会先在锅里炖好，这样随时都可以上菜。
确实烹饪处理做得不错。
不过上菜前的准备工作却没做好！
上菜准备？
上菜准备就是能立即上菜的料理处理工作。
比如用微波炉加热的菜就要提前分好量并用微波炉纸包好，这样订单来了就能立即处理。
真要这么做吗？
其实不忙的时候马上就能上菜。
闲暇时当然如此。
另外厨房并不知道上菜的先后顺序，所以服务员要是不明确告诉厨房，厨房就不知道烹饪的先后顺序。
确实厨房并不知道上菜的顺序。所以店里是否正常运转全肩负在启二身上了。
每道菜要是都能缩短烹调时间的话，那么繁忙时也能迅速上菜。
就是这样。
上菜前的准备工作做得好与坏直接影响上菜的速度。

所以服务员给厨房准确地发出指示就很关键。
说得夸张点，这直接关系到营业额。
我懂了。
我会当好店里的司令塔，让店里生意红火起来！
请多多指教。
启二君，
明天跟我去趟名古屋吧，
有个店想让你看看。
好的。
据说这家店的上菜速度是日本最快的。
点美房 TENSH OU
生意真好啊。
你认真观察一下服务员。
是！
您点的主食要一起上吗？
嗯，
一起上吧。
请先上3号桌的主食。
你有什么发现吗？
……

一家人吃饭时会要求先上主食。
你觉得这是为什么呢？
是因为小孩不喝酒吗？
也有这层原因，主要还是因为他们没什么话好说。
不会吧。他们家看上去很和谐啊。
不说话不代表关系差，他们在来的途中应该说了不少话。
嗯。
所以才要给他们立即上菜吧。
是的。
家族顾客的主食往往是投诉中最多的，这一点你要记住。
您想要哪种甜点？
我还是和以前一样……
好的，知道了。
你知道为什么服务员现在要问女顾客甜点的事吗？
因为小孩点的布丁立刻就能上，而妈妈点的甜点要花一些时间。为了能一起上，所以服务员现在就问妈妈甜点的事了。
他们的确告诉了厨房哪个菜先上，哪个菜后上呢。
即使口头上说过，有时候服务员和厨房也会忘记。
是这样的。

本节要点 咨询顾问 鬼头诚司

区分“烹饪处理”和“上菜准备”的不同

上菜速度是左右餐饮店销售额的重要因素之一。尽管有些餐饮店总是很忙，却没有意识到上菜速度的问题，所以对于营业额下降也是束手无策。

为了解决这种问题，就需要找出上菜速度缓慢的原因。不过很多时候并非是上菜速度慢，因为即便上菜速度相同，顾客在某个特定的环节也会感到上菜速度有所不同。比如点第一杯饮料及最后点主食、甜点时，顾客往往会觉得上菜速度比通常要慢，也容易变得急躁。所以这两个环节最容易被顾客抱怨上菜速度慢。提高这两种场合的上菜速度不仅会让顾客满意，还是促使顾客追加点餐的关键。

除此之外，上菜速度缓慢的原因还可能是服务员的指挥能力不足。比如有些餐厅做好了“烹饪处理”，却没有做到“上菜准备”，或是两者不加以区分，从而无法迅速上菜。“烹饪处理”是指食品经过第一次加工后的状态，而“上菜准备”则是上菜前需要花点时间来处理料理的阶段。上菜速度有问题的餐厅往往容易认为“烹饪处理”做好了，“上菜准备”也就完成了，对两者不加以区别。

所以切实做好上菜准备，有意识地提高上菜速度，并注意上菜的先后顺序就会对提高营业额产生直接的影响。而这一重任正是由作为司令塔的服务员所承担的。

第4条
座位影响顾客
对餐馆的印象
静冈县某处——
再干一杯！
庆祝项目成功，干杯！
干杯！
干杯！
大家辛苦了！
这次大家都太辛苦了。
今天我们就敞开喝吧！
请手下留情。
哈哈哈哈！
他们真是有点吵啊。
为什么这么吵啊？
没办法……

偶尔想安安静静地吃顿饭才来这的……
现在和以前完全不一样了。
一直认为这是家安静好吃的店才过来的……
受不了了。找服务员给我们换个位子吧。
服务员~
来了。
那边的人太吵了，我们都没法说话也没法安静品尝佳肴了。
你帮我们换个安静的座位吧。
抱歉！
现在都坐满了，没空位。要是有空位了我会立即给您换的。麻烦您稍等会。
要等多久啊?
可能1个小时左右吧……
在这么吵的地方再待1个小时我肯定会头痛！
算了，我们走了。
买单！
啊?
今天真是不好意思。
下回一定给您安排安静的座位。恭候您下次光临。
不必了。以后不会再来了。
真是抱歉。
他们……
……

服务员！
您好！
这里不是无烟区吗？
抱歉。
店里不设有无烟区。
为什么啊？
我带着小孩来的，还以为你们会给我们安排无烟区呢。
十分抱歉。
我们走了。买单！
马上给您的小孩上冰淇淋。请稍等。
不用了，还是快点给我们结账吧。
爸爸，我想吃冰淇淋！
不要闹！
需要冰淇淋吗？
不必了。
我们也要走了。请给我们结账。
啊？好的。
先生，我们要走了。请在这慢慢享用吧。
谢谢！
我们要回去了。
刚刚……
真的啊……糟了。

您看上去很烦恼啊！
嗯！是有点……
我是一名餐饮店咨询顾问。
像今天这样的问题我见过很多。如果您有时间的话，我们可以坐下来谈谈。
啊，可以吗？
那么就请多多关照。
打烊后——
其实这并非谁不对。
给顾客安排座位时，只要把双方分离开来，就不会有任何问题。
今天的问题主要是热闹欢庆的顾客和想安静用餐的顾客间的矛盾。
还有一点就是吸烟的顾客和不吸烟的顾客间的矛盾。
的确。
我们当然希望每位顾客都能愉悦地用餐。是我们考虑不周到，惹顾客不高兴了……
那些聚会的白领和那对老夫妇应该都提前预约了座位吧？
聚会的白领预约时就说是普通的酒会，而那对老夫妇什么也没说……
在顾客预约时你们肯定没有询问对方是怎样的聚会，对吧？

就算是普通的酒会，有些顾客喝醉了就会大声喧嚷，影响到周围的顾客。
要是他们可能影响到周围的顾客，服务员就要提前告诉其他顾客“如果他们吵到您的话就请您直说”。
有道理。
在顾客抱怨前，我们就要给他们打预防针。
刚才的那对老夫妇忍了又忍，最终还是生气了。
另外，要是真的比较吵的话，服务员可以直接提醒顾客“请稍稍安静些”。有时候组织聚会的负责人也会主动配合我们保持安静。
嗯，
要是那样做的话那对老夫妇也不会气冲冲地走了。
接着是关于抽烟的事，这里分无烟区和吸烟区吗?
由于很多顾客都吸烟，所以没有加以区分。
吸烟的顾客和不吸烟的顾客对店里来说都很重要。
没错。
对了，
最近的确有很多顾客都问过这里有没有无烟区。
有些店是将无烟区和吸烟区加以区分，有些店则是规定某个特定的时间段禁烟。
看来我们店里也得想想对策才行啊。

我觉得店里面可以设置成无烟区，外面是吸烟区，你觉得如何?
无烟区与吸烟区间可以用屏风隔开。如果再放些绿叶植物的话，就能与屏风相互呼应。
最好在吸烟区放个空气净化机。
如果要装大型空气净化设备的话，需要投入不少钱……
要是投入太多的话，我这小店真是难以承受啊。
并非真要你装大型空气净化设备。
只要能满足吸烟顾客与不吸烟顾客两者的需求，再结合店铺的规模、实际状况选择合适的设备即可。
嗯，
知道了。
划分时间段也是个不错的方法。
比如规定在午餐高峰期的11点—14点禁烟。
午餐禁烟时间
本店从AM11：00到PM2：00为禁烟时段，敬请谅解。
我知道这个时段有很多店都会实施禁烟，所以顾客既不会抱怨，也不会减少。
我们店有很多老顾客都吸烟，所以我觉得还是在特定时段禁烟就好。
在店门口贴个“现在在禁烟”的告示就行。也可以在店外设些烟灰缸和椅子，店内虽然在禁烟，但顾客可以在店外吸烟。

好主意。不过今后要继续加强店内吸烟管制啊！
防止顾客被动吸烟就行。
其实关键是要让顾客在店外就知道这家店能不能吸烟。
这样顾客就能根据自己的意愿，判断要不要进来。
提前让顾客判断要不要在这个时段来的确很重要。
今天出现了很多投诉，你就当是转祸为福好了。
嗯，
说得是。
谢谢！
一个月后——
欢迎光临。
请问您有预约吗?
没预约。还有位子吗?
还有空位。
您吸烟吗?
抽，
那就吸烟区吧。
好的。
最近很多店都不让抽烟。这家店能抽还不错嘛。
就是这里，
请您慢用。
谢谢。

本节要点 日经餐馆杂志编辑部

给顾客安排座位时要有所考虑

每家餐馆都会迎来各种各样的顾客。为了让每一位顾客都能愉悦地享受用餐时间，店家就需要为顾客多考虑。这是“优质服务”所不可欠缺的内容。

本节故事的最初矛盾是餐馆给想安静用餐的老夫妇安排了吵嚷的醉客附近的座位。由于双方都是预约客，所以只要在顾客预约时尽可能地了解到详细信息，就能避免这样的问题。

当预约客是白领团体时，在预约时即便对方说了是“酒会”，店家也要尽可能地询问聚会的目的。如果是像本节内容那样的庆功会，有时顾客就会比较兴奋，大声说话。如果觉得他们聚会可能比较吵，最初就要给他们安排里面的位子，并且提前告知可能坐在他们周围的顾客等。

如果让吸烟的顾客和不吸烟的顾客临席而坐，就很容易引起双方不悦。所以为了避免发生这种情况，店里就要分吸烟区与无烟区，或者设定特定的禁烟时段。

在设置禁烟区与无烟区时，开始时可以让店铺的四分之一或三分之一座位成为无烟区。要是通过划分时间段来设置“禁烟时段”，一般情况下只把午餐时段设为禁烟时段即可。不管店里采用哪种方法，在店门口张贴相关告示非常重要。因为无论是吸烟的顾客还是不吸烟的顾客，他们看到告示后都能放心进店用餐。

现在越来越多的人关心在餐饮店内是否会被动地吸到“二手烟”。所以餐馆要结合当地的实际情况与店员商量合适的办法，尽力让吸烟的顾客与不吸烟的顾客双方都能满意。

第5条
通过电话确认防止顾客取消预约
群马县某处——
我们4个人，有空位吗？
真抱歉！今天没有空位了……
恭候您下次光临。
真慢啊。
再过10分钟要是预约的顾客还没来就给他们打个电话。
嗯，
知道了。
叮铃铃……

果然打电话来了……
你别接了吧。
挂了好了。
刚刚打电话了，不过没人接。
这样啊……
10 分钟后你再打个看看。
……
您拨打的电话暂时无法接通……
店长!
这会儿电话都接不通了。
什么?
阿正先生……
貌似被顾客放鸽子了啊。
难得您来一趟，让您见笑了……
这样啊……
最近感觉临时取消预约的顾客变多了。
最近很多人都会先看网上的评论，觉得合适的就先预约下来。
之后继续寻找有没有更好的店，找到了就再次预约。
像这样的情况的确越来越多了。

要是这样，
自然就会有很多人取消预约了。
所以要是你不采取些措施的话，最后餐馆会受损失。
那我该怎么办啊?
首先你要准备一个顾客预约记录本。
店里有这样的记录本啊……
要是这么说的话，也没有什么特别的……
当接到预约电话时你们是如何应对的呢?
那我来扮演下顾客好了，让我看看你平时是如何接电话的。
我想预约个位子，9月15日19点开始。
9月15日19点对吧。您几位?
10个人……
好的!
我们会为您准备座位的。您想要哪种套餐?
你们店有什么套餐呢?
我们有3000日元、4000日元及5000日元一位的套餐。
那就要4000日元一位的套餐好了。
好的。
麻烦您告诉我您的姓名和电话。9月15日19点，本店恭候您10位的光临。

……
平时大概就是这样接电话的。
虽然没有什么地方做得不好……
不过给人一种走形式的感觉。
是走形式吗?
首先，一开始就要对预约的顾客表达感谢之意。
其次关于套餐，不仅要告诉顾客价格，最好再简短地介绍套餐包括什么料理。
接电话是待客的第一步。只要给顾客留下好印象，顾客自然就想过来。
这样一来也能防止顾客临时取消预约。
明白了。我会注意的。
新顾客预约，要是人数较多时应该怎么办呢?
其实对于这种情况我也有些担心。那该怎么办呢?
可能的话最好询问对方公司的地址。
这样也能让对方记得要按时过来。
不过顾客们好像都不愿意告诉店家地址……
要是对方不愿意告诉地址，那么问问对方公司的名称也可以。并且告诉对方店里会为他们准备食材，所以要是临时取消的话对双方都不好。只要客气地说，对方肯定也会理解。

要是对方还是不愿意告诉你公司名称，那么就要小心对方有可能当天临时取消预约。
知道了。
对了，刚才预约的那位顾客，你们提前打过确认电话吗？
没有，店里很忙，所以就……
果然如此。
提前打电话确认，直接关系到顾客当天是否会临时取消预约，这可是十分重要的工作啊！
打电话确认就能表现出店里很重视顾客的预约，顾客也不想言而无信，所以就可以防止当天临时取消。
而且这样还能防止顾客忘记预约，或者记错预约的日期、时间。
有道理。
最近很多餐馆在顾客预约后会发送确认短信。所以可以提前发条确认的短信告诉对方“本店恭候明天您的光临”，并告诉顾客食物准备的情况，这样顾客也会有所期待，按时来店。
好办法啊。
田中先生：非常感谢您的预约。恭候您明天光临。
发短信时不仅要留下店名，还要尊称顾客的名字，这样就更能表达本店的恭候之意。
好的，下次试试看。
以前发生过顾客弄错预约日期的事。
我叫佐藤，有预约……
您的预约是从明天晚上 8 点开始的……

嗯？是不是弄错了……
当时正好有个团体顾客要走，所以正好能安排他们进店。
要是实在没有位子，该怎么办啊？
就算打过确认电话，有的顾客还是会弄错时间提前来了，对吧？
这时应该先让他看看预约簿，并解释“您的预约是这样子的。实在抱歉，今天无法接待您”。
好的，明白了。
要是不久就有空位，那就问问顾客愿不愿意等。
另外，要是附近的餐馆有空位，也可以介绍顾客前往。
要是店里把顾客的预约时间弄错了该怎么办？
首先要诚恳地道歉。
可能的话让顾客稍等会儿，并且赠送料理或酒水以表歉意。
明白了。
如果顾客是从大老远的地方过来，最好给他们报销交通费。
薄礼
连交通费都要店里出吗？
如果是店里的问题，那么就要做力所能及的事来表达歉意。
知道了！
此时如何应对关系到顾客今后还会不会来，对吧？
没错。
不过就算打了确认电话，可顾客当天还是临时取消了预约，那该怎么办呢？

当损失较大时店里是希望顾客支付取消费的，对吧？
嗯，当然。
其实很多餐馆的网页上都写明了“当天取消请承担取消费用”。
当天取消请承担取消费用。请事先知晓。
这样啊。
不过实际上能收回取消费的情况并不多。
啊！
真的吗？
其中一个原因是如果预约时就告诉顾客当日取消是要支付取消费的，会令顾客不安，有可能选择其他店。
确实，这种情况下取消费的事很难说出口啊。
要是提前跟顾客说了取消费的事，如果顾客当天生病了或家里有事，
这样即便顾客取消了预约，店里也很难索取取消费。
的确……
发生这样的情况时，与其要求顾客支付取消费，不如大度地告诉顾客“希望您再找机会来光顾”，这样顾客就很有可能下次再来。
的确如此！
一半年后
阿正先生，
好久不见！
看来店里生意不错嘛！
多亏您的指点。
采纳您的建议后，预约的问题全都解决了。
这样啊，那太好了。

本节要点 日经餐馆杂志编辑部

重视预约的态度能防止顾客临时取消预约

最近听说很多餐馆都烦恼很多顾客预约后随便就取消了。现在通过网络就可以简单地查询餐饮店的评价，所以有的顾客会事先预约好几家店，最后再决定到底去哪家。顾客临时取消预约会给店里造成很大的损失，所以要尽可能地设法减少顾客取消预约。

其实关键是要让顾客知道店里很重视他的预约。所以首先要改善顾客电话预约时的应对方式。正如阿正强调的那样，接电话是待客的第一步。走形式的态度万万不可。很多餐馆在预约时都会给人一种非常形式化的感觉，这点要注意。接到顾客的预约电话时首先要表达感谢之意，这样就能自然而然地用心应对。

预约的内容要写在预约簿上。为了显示店里重视顾客的预约，不要在便条上随便写写就完事，而应该准备一个专门的预约簿。接电话时有时可能会听不清对方的声音。所以为了防止听错，一定要复述顾客预约的内容。对于容易听错的数字，就要仔细确认。

另外，不要忘了给顾客打确认电话。在预约日的前一天或前两天一定要打电话跟顾客确认日期和时间，并再次强调“恭候您的光临”。餐馆要反复告诉顾客店里很重视预约。这样顾客应该就会觉得“临时取消预约不太好”。

第2章
找出顾客减少的原因

阿正的建议

“进店坐下后就能发现很多之前看不见的问题。”

第6条
料理卖不出去的真正原因
静冈县某处——
这家店叫“拼命屋”啊……哈哈哈。
晚饭就这儿了。
がんばり屋
がんばり屋
がんばり屋
欢迎光临。
好像生意不是太好啊……

本月推荐！
佐贺牛里脊烤肉
凯撒沙拉
☆厨师长推荐
生姜炒猪肉
サラダ
ニアロール
シュリンプ
嗯……
喂，
菜单里怎么没有鹅肝寿司啊？
鹅肝寿司，是吗？
以前店里有过鹅肝寿司吗？
当然有啦！
我就是为了吃这个才来的。
请稍等。
……
非常抱歉！
鹅肝寿司从本月开始已经不卖了。
什么，已经没有了？
我期待了好久呢。
抱歉！
唉！
都说他家的鹅肝寿司好吃。来了却没有了，早知道就不来了！
没事，
吃别的好了。
这个厨师长看上去很疲惫啊，没事吧。

这个价格，这个味道，绝对值了。
买单是吗？
谢谢惠顾。
料理很好吃，
谢谢。
推荐的料理太多了，我都不知道该吃哪一个了。
我觉得店里需要有带动营业额的人气料理，
所以推出了很多新菜，不过生意也没好起来……
十分抱歉。
唉，
这都是些牢骚话了。希望您下次光临。
！
呜呜呜呜……
您怎么了？
没事吧？
您头很烫啊，
需要静心休息。
没关系。
现在店里生意不是很好，我不能休息啊……

综合医院
自己的身体都照顾不好，
真是让你见笑了。
好像是因为过度劳累您才发烧了。
今晚最好在这好好休息。
就是这里。
谢谢。
泷泽，
你没事吧？
对不起，老板。
都跟你说了不要勉强了嘛。
但是最近店里生意不好，我不尽力不行啊……
也许我能帮得上忙。
你是？
笨蛋！
先养好身体要紧。
我叫阿正。
我为全国的餐饮店提供咨询。
那太好了。
请多多指教！
乐意效劳。
我已经想到解决方案了！
真的吗？

几天后——
你们店的问题并不是没有推出新的料理。
问题在于厨师长费心制作的推荐料理没能成为“招牌菜”。
此话怎讲?
要想创作出人气料理并不意味着要一个劲儿地推陈出新。
应该先创作出本店特有的招牌菜，然后再努力推销它。
让顾客觉得就想吃本店的某个料理，就能增加顾客。
要努力推销啊……
那应该怎么做呢?
招牌菜不会无缘无故诞生。
可以通过菜单、店内海报以及店员的推荐来加大推销力度。
比如推荐的料理一般用大字来标明，并配上图片。
推荐的料理最好登在菜单的左上方或中间位置。
前菜、炖菜、烧烤、主食、沙拉及甜点等，每种各推荐1道菜即可。
关键是要努力把推荐料理的美味之处传达给顾客。
比如可以写上食材的产地，有何特点等信息，给顾客意外的惊喜。

嗯。
照片、插图、描述都很重要啊。
没错。
店内张贴的推荐料理海报，每种各推荐 1 道即可。
酒水的话可以推荐店里特有的白酒或鸡尾酒。
像生啤这样的饮料哪家都有，所以很难与别家拉开差距。
店员向顾客推荐料理也很重要。
要是被顾客问有什么好吃的，那就一定要回答推荐的料理。
由于推荐的料理不会很多，这也方便店员记住。
明白了。
招牌菜最好先让全体店员试吃，这样店员就知道该如何用自己的语言来向顾客推荐此菜。
要是生硬地向顾客推销，顾客也不会动心。
这样一来店里的招牌菜就会诞生了。
你们店应该重新推出鹅肝寿司啊。
并且价格要大幅下调。
其实那道菜卖得并不好。
原材料还一直涨价。
前几天的那位顾客的反应也是这样，不过那道菜还是有潜力的。
可以降低价格来吸引顾客。
加强宣传很关键啊！

而且顾客不会单单只点这道菜。
店里可以把 3 道菜加 2 杯酒的价格设定在 2500 日元左右。
原材料的价格最好控制在 30% 以内。
参考每天的销售数量，从而提高预估销售数量的精准度。
知道了。我们试试看。
两个月后——
がんばり屋
欢迎光临!
来 4 个鹅肝寿司。
欢迎光临!
要 3 个鹅肝寿司和 1 个特色沙拉。
店里真忙啊。
鹅肝寿司成了招牌菜。而且回头客也大幅增加了。
阿正先生，
好久不见。
最近生意如何啊?
这还是因为泷泽厨师做的寿司好吃啊。
没错，
之前一直没发现泷泽有这么好的厨艺啊。
呵呵呵。

本节要点 咨询顾问 鬼头诚司

打造招牌菜的正确方法

有些生意冷清的店虽然一直都在推出新菜，却仍不能阻止顾客的流失。像这样的餐馆有一个共同的特点，即没有本店独特的招牌菜。本人认为其原因并不是新菜的开发力度不够，而是没有努力把新菜打造成招牌菜。

想要给顾客留下深刻的印象，让顾客念念不忘地想着“还想再吃那道菜”，就需要在招牌菜的宣传上下功夫。首先菜单里要采用大图片及大文字来凸显招牌菜，并登载在菜单的显眼位置。其次是推荐料理中介绍的菜肴，比如前菜、肉类、鱼类等，每种各主推一款即可。另外，服务员要做到只向顾客推荐招牌菜，餐馆整体一致地宣传招牌菜。

另外，人气料理往往具有量少、便宜、让人回味无穷等特点。比如“烤鸡翅”就是一道典型的人气料理，如今可谓是哪儿都有。顺便说一下，本人当年在经营居酒屋时，鹅肝寿司以每盘 280 日元的价格，让它成为了店里的招牌菜。

打造“招牌菜”的注意事项

● **菜单**

图片及文字要比其他菜大。登载在菜单的左上方或中间这样显眼的位置。

● **店内宣传海报**

前菜、肉类、沙拉等，每种各推荐 1 款即可。像生啤这样哪儿都有的饮料就不用特别推荐。

● **服务员**

只向顾客推荐店里主推的招牌菜。告诉顾客这道菜的独特之处，如烹饪方式及食材等。

第7条
扬长避短，反败为胜

几天后——
让您久等了。
谢谢。
阿正先生，
请您多指教。
好的。
这是我们店的销售统计表。
……
打烊后——
今天给大家介绍一位我请来的救兵——阿正先生。
他是我当年学艺时的前辈，现在为全国的餐饮店提供咨询。
请多指教！
最近月销售额有多少？
600 万日元左右。
以前有时能超过 1000 万日元，不过最近滑落下来了……

从今天的所闻所见来看，菜的味道及服务似乎都没有问题。
那生意不好的原因是?
照这样下去，等下个月大型连锁店开店后很多顾客都会流失了!
你先别着急。
店长，这个店的卖点是什么?
当然是每天都能从市场进新鲜的海鲜。
不过从销售统计来看，炸鸡块、什锦烤鸡肉串、鸡蛋卷及沙拉却排在销售前列。
呃……
所以店里的人气料理和大型居酒屋的经典菜肴并无差别啊。
而海鲜类的什锦生鱼片拼盘仅仅排名第5。
顾客对生鱼片的评价都很好。
这样啊……
不过从销售统计表来看，海鲜类料理仅占7%啊。
啊?
所以顾客并没有意识到店长所认为的“卖点”!
这……
所以顾客就会认为这只是家普通的居酒屋。
应该有很多顾客是专门为吃鱼才来的吧!

既然你这么说了，
那干脆做个问卷调查来看看顾客的来店动机吧。
次日——
魚 真
麻烦您
给我们填下调查问卷好吗？
嗯，好的。
一周后——
调查的结果如何啊？
来店动机中最多的是“离车站近”，占55%。
其次是“离家里或公司近”，占30%。
很显然嘛。
正如你所说的啊。我真的好吃惊啊……
要是顾客因为“近”才来的话，那么车站前的餐饮大楼就绝对有优势了。
唉，看来是不行了……
你也没必要那么悲观。
啊？
真的吗？
问题在于没把店里的卖点切实地传达给顾客。

只要明确卖点，加大宣传，顾客还是会有理由来的。
那具体该怎么做?
要想把海鲜类料理作为主要卖点，那么首先要大力宣传“什锦生鱼片拼盘”。
好。
现在5种海鲜卖1800日元，今后价格也保持不变，不过种类要增加到7种。
并且其中2种最好能让顾客根据当天的进货情况自主选择。
那么要准备几种鱼给顾客选呢?
要想让顾客体会到选择的快乐，最好能准备5种。
其中要是有海胆或螃蟹之类的海鲜的话，档次自然就上去了。
就把这个料理作为店里的招牌菜推广出去吧。
要是原材料价格上涨，就当是用作促销费用好了。
知道了。
不过我担心原材料的价格会上涨好多……
另外，有必要增加海鲜类料理的数量。
现在只有15种……

要把海鲜当成卖点，生鱼片、海鲜烧烤及海鲜汤等，加在一起必须要30种才行。
如果增加菜品数量，烹饪效率就会变低啊……
减少其他菜就好。既然是海鲜居酒屋，减少其他种类的菜也有利于强化本店的特征。
但要是炸鸡块及日式煎饼没了，我还是有些担心啊。
这样啊……
那么先保留销售排行前3的菜如何?
好的。
但长期这样可不行。为了拉开和其他居酒屋之间的差距，就要通过改变分量及料理方法等来强调本店的独特性。
明白了!
用特别的餐具及装盘方式来凸显特色如何?
好主意!
既然如此，我都想在菜单里放张生鱼片的大图了。
不可，最好不要在菜单上放生鱼片的图片。
为什么啊?

因为不能频繁地更换菜单内容，
所以不能突出新鲜海鲜的优势。
原来如此……
最好每天手写一份“今日推荐”来更新海鲜的菜单。
给顾客看这张菜单，服务员再详细说明。
这样本店的卖点就更加容易传达给顾客了。
手写的菜单要比普通菜单更大更显眼，要让顾客坐下后就能马上发现。
在墙壁上挂个小黑板，然后每天更新也可以啊。
嗯，那么现在就开始写今天新进的鱼吧！
两个月后——
请过目！
做得不错嘛！
生意不错嘛！
多亏了您的指点，销售额已恢复到800万日元了。
车站前的餐饮大楼对你们有影响吗？

本节要点 **餐饮咨询顾问 木下尚央之**

大力推广特色料理，打造特色餐馆

分析一下销售下滑的餐馆的菜单及销售量，便可发现有些店家与客户对于餐馆的定位存在差异。如本节漫画里的店长自认为是“卖点”的海鲜料理，实际销售量远比想象中的少，因为顾客认为本店只是一般的居酒屋。

随后这家店以将店铺打造成海鲜特色居酒屋为目的，改进了菜单。店里把生鱼片拼盘作为主打菜，对能让顾客自选鱼类和保证有高级海鲜可选进行了大力宣传。另外，海带生鱼片及腌海带不但考验厨师的厨艺，还能用在生鱼片上。这样能减少浪费，实在是一举两得。

生鱼片拼盘可以不选用普通居酒屋都有的金枪鱼、三文鱼、鱿鱼等食材，专选珍稀鱼类来凸显特色。不过增加生鱼片种类的同时会增加食材的浪费，所以最好把海鲜类菜品控制在30道左右。

另外，如果想强调海鲜的鲜度的话，在菜单中最好不要登载海鲜类料理。因为菜单里的内容不能频繁地更换，所以要是登载海鲜类料理图片的话，顾客就难以感觉到海鲜的鲜度。取而代之，可以利用手写菜单及小黑板，再加上服务员的口头推荐，就能让顾客感觉到海鲜刚被打捞上来的临场感。

为了凸显本店是海鲜特色居酒屋，就要减少普通的菜肴。如果想一直保留人气料理，可以通过增加分量，或改变烹饪方法等来让它有所变化。比如炸鸡块，可以每块控制在45g左右来凸显分量，或是浇上甜醋，或是不使用冷冻肉，只选用新鲜肉等。

第8条
站在顾客的角度来烹饪
佐贺县某处——
Italian
Ristorante
WATANABE
欢迎光临!

这是我们店的酒水菜单。
谢谢。
哇~
菜单很丰富嘛。
完全不会觉得这是家乡村小店。
啊，
失礼了！
呵呵……没关系。
嗯……
我走了好久，口有些渴了……
那么
要不要试试本店的发泡葡萄酒呢？
点一杯也可以。
嗯，好的。
顾客，这是本店赠送的菜。
请尝尝。
真的吗？
……
意大利菊苣沙拉啊！
在日本真是罕见啊！
我还以为除了罗马，其他地方都吃不到呢。

唉，反正这个菜也没人点……
……
买单。
刚才失礼了，没想到在这儿竟能吃到如此正宗的意大利餐。
真的很好吃。
PICON
谢谢夸奖。
我对于自己的厨艺还是有自信的，不过……
你看上去有些烦恼啊。
貌似今晚就我一个顾客啊……
要是你有时间，我们坐下来聊聊吧。
我叫阿正。我为全国的餐饮店提供经营咨询。
烦恼的就是这附近没有像阿正先生一样懂意大利餐的顾客。
不仅是菜的味道。
正如您所说，这里是乡村。
也没人懂红酒，
提到意大利菜，大家就知道意大利面而已。
的确无奈啊……
CLOSE

首先来整理下你的想法吧。
你究竟为什么在这里开一家意大利料理店呢?
你的人生目标是什么?
这，这是因为……
我在东京学完厨艺后远赴意大利跟随名师进修，并且从那顺利结业。
我希望能烹饪出最高级的意大利料理……
所以5年前回到家乡开了这家店。
总之只要能做意大利料理，我就觉得活着有意义。
真是这样吗?
要是这样的话，那你现在每天都在实现你的想法啊。
维持现状不就挺好吗?
不过现在没有顾客啊。
而且我从银行贷了款……要是不赚些钱……
像这样一直生意冷清的话，不久就要倒闭了……
那你还是为了赚钱才开这家店的嘛?
啊，
我可不想被这么认为……

醒醒吧！
烹饪意大利料理和经营餐厅可不是一回事。
你的想法中掺杂着这两种情绪，所以你肯定自己也不清楚究竟想干什么吧？
不是这样的。
烹饪意大利料理的确是我活着的意义，我可不是随随便便地做着玩的！
我想烹饪出美味的意大利料理让顾客品尝，从中获得回报。
你需要再想得更简单些。
你是想做意大利菜还是想开一家赚钱的店？
两者都有。
鱼与熊掌不可兼得！
你必须二选一，如何啊？
为何两者不可兼得呢？
在山形县有家正宗的意大利餐厅，生意好到预约都预约不上。
与佐贺县相比，那里更是乡村了，但那家店就是鱼与熊掌都兼得了。
你说的没错。
那家店在那个地方都能吸引大批顾客，最近还在东京开了分店，的确取得了很大的成功。
那么为什么那家店经营很多年后取得成功了呢？
……

我今天就先告辞了。今天谈话的内容你用一周时间来好好想想吧。
我下周还会过来。
好吧……
第二天开始，厨师每天都在思考……
我究竟是想做意大利菜还是想赚钱呢……
或者两者都不是，也许我想让佐贺县的人民品尝到我做的美味的意大利料理吧……
……这么想的话，我还是更想做意大利菜吧。
不对，这里的人吃了我做的意大利料理后就会给钱，从而店里就能盈利……
那么佐贺县的人想品尝的是高级意大利餐和高级红酒吗……
不对！县里的人都不了解意大利餐和红酒。

对了！！
一周后——
スパゲティ
レストラン
わたなべ
渡边
意大利面店
呵呵……
嗡
嗡
嗡
嗡
嗡
嗡
我要咸鳕鱼子意大利面！
我要纳豆意大利面。
服务员，
我要一双筷子。
给您，请慢用。
欢迎……
阿正先生！
心情不错嘛。想通了吧。

本节要点 **食品商业指导顾问 鬼头清**

通过自我开导来摆脱思想困境

经济长期不景气，很多餐饮店都面临着严重的经营危机。在这种情况下经营者的心境也会变消极，无论做什么都无法扭转困境。此时就容易把原因都归咎到他人身上，原本能解决的问题此刻也变得无法处理。比如本节漫画的那名厨师就一直认为是顾客不懂自己做的料理，所以餐馆才无法盈利，怎么都无法摆脱这种思想困境。

阿正这次却和以往不同，并不是开门见山地直接告诉厨师具体的解决方法，而是用引导的方法让厨师自我思考来解决问题。

指导时有些人会举出些极少有的例子来进行反驳。比如本节中的厨师就搬出了山形县生意兴隆的意大利餐厅的例子。此时阿正并没有否定厨师的反驳，而是承认事实。接着他继续说：“那么为什么这家店能成功呢？”从而引导厨师进行思考。

人只要主动思考就能逐渐变得积极地把握事物，最终发现本质目的，认清自身的优势。这样自然就会知道为达成目的该怎么努力。厨师最后想到了答案，即“让县里的人高兴地品尝美味”。为此，他并不是把以前学到的料理原封不动地在当地销售，而是活用学到的厨艺并结合当地的特色，从而开发出让当地百姓满意的新料理。

另外，有些人可能会认为如果没有指导者就没法被指导。其实并非如此。只要学会指导的原理，自身也能积极地向前思考，这就是所谓的自我开导。如果餐饮店的经营者执意认为“生意不好的原因全在顾客身上”的话，那就请活用这种方法来让自身摆脱思想困境。

第9条

顾客来店的动机是否明确

但这是为什么啊?
大城市里的动物园好像也有很多人去啊?
是啊。
但是那个动物园比较特别。
因为动物园特意设计得让游客能接近动物。
哥，你刚刚不是被白熊吓到了吗?
嗯，跟白熊对着看，真的好吓人!
正因为这种“特别体验”才让很多人喜欢上这个动物园。
我今后还想去!
我也是!
好啊，
下回一起再去!
居酒屋
北之空
一男，孩子们从动物园回来了。
孩子们好像玩累了，都睡着了。

阿正兄，
今天多谢你帮我带小孩了。
哪里，我也很久没跟小孩玩了，很开心。
店里生意好吗?
和周围的店之间的竞争很激烈，都没时间休息。
这样啊……
这几年大型餐饮连锁店及本地的连锁店相继在此开店，相互间一直在打价格战。
……
正因为如此，老顾客来得没那么频繁了，新顾客也不多。
都抽不出时间来跟小孩玩。
一男，
要是竞争的餐馆多了，没有特色的店最终会被淘汰的。

特色?
我们在店里搞些特色体验吧!
特色体验?
嗯。
?
第二天——
欢迎光临!
您好!
要不要尝尝我们店特色的“法式炖蛋”呢?
感觉很有意思啊。
那就来三个吧。
谢谢。
请稍等。
什么是“法式炖蛋”啊?
就是烤布丁。试试看吧。

等这个沙漏漏完了，
法式炖蛋也就做好了。
哇~
那么我开始做了。
哇~
好厉害！
我们
也点那个试试吧？
服务员，
我们这也来两个那个。
不过一直在厨房做的事，为什么在顾客面前一做，他们会如此开心呢？
我们这也来两个。
不愧是阿正兄。

一男，
你知道法式炖蛋为什么会这样受欢迎吗?
不知道。
店里的顾客并不仅仅是为了吃才过来的。
他们也会常常寻求餐饮店的“特色”。
临场让顾客体验料理的制作过程对他们来说就是一种乐趣。
这样啊。
怪不得只要直接做给顾客看，他们就会如此高兴。
没错，就是这样。
有些店也会在顾客面前直接烤鱼，其目的也是一样的。
原来如此。
不过在顾客面前直接烹饪就会给厨师增加负担，所以有很多店都避免这样做。
不过正因为这样，才好和其他店拉开差距。
也可以在顾客面前切芝士，然后淋在凯撒沙拉上。
嗯，好主意!

用这样的方式打造几款菜品，以博取顾客的口碑试试吧。
好的。
这样做，店员的工作热情也会提高不少。
啊?
这样做不就变得更忙吗？为什么还会提高工作热情呢?
因为店员能直接看到顾客的喜悦，也能直接听到顾客的感谢之言。
人在体验到成果时会更加激励自己。
也许要花一段时间顾客才会增加，不过要是每天都能看到顾客的喜悦表情，店里的气氛也会大不相同。
再忙，大家也会努力好好干。
还有一点，让顾客觉得在我们店能吃到应季好吃的食物，也非常重要。
所以最好每月都能推出大约 7 款季节性料理，并每月更新一次。
一方面采购应季的食材能节约成本，另一方面顾客也愿意花更多的钱来品尝当季的新菜。比如鳕鱼就是冬天才有。
同样是鳕鱼，改变一下烹饪方法就能成为新菜，并且还能减少食材的浪费。
シートベルトを忘れずに!
有道理。
我懂了，我试试。

本节要点 餐饮咨询顾问 木下尚央之

打造本店独有的“特色体验”

餐饮店要如何才能战胜竞争对手呢？

我觉得大家可以参考下北海道旭川市旭山动物园的“复活奇迹”。曾险些被迫关门的旭山动物园如今观光人数仅次于东京的上野动物园，位居全国第二。

该动物园复活的秘密在于能让顾客近距离接触到动物。正因为只有该动物园才能体验到这种“特色体验”，所以游客中有很多来自远方的顾客。

如果把这种提供特色体验的想法运用在餐饮店，那么就要让顾客在本店体验到在家以及在其他餐厅都没有过的感受。

具体来说，可以在顾客面前烤鱼，或者料理的最后一道工序在顾客面前完成，让顾客观看料理的过程。

正如阿正介绍的那样，法式炖蛋的最后一道工序——烤焦糖在顾客面前制作，确实能博得顾客的好评。此外还有很多餐厅各自通过在“特色体验”上的努力促进了销售额的增长。

不过需要注意，这样的现场制作并不会立刻就能促进销售，它是一点一点地渗透到顾客心里去的。这样做会给员工增加不少负担，所以要让员工从自己能做的事开始做，不要强求。

有些日本料理店也会在顾客面前制作法式炖蛋。甜品制作给店员增加的负担就比较小。

第10条
切莫上演“皇帝的新装”

不好意思突然给您写信。我的丈夫经营一家名为“樱桃”的日本料理店。丈夫厨艺过人，过去店里生意很好，可现在顾客年年减少让我对店铺的未来十分担心。尽管如此，丈夫还是每天去打高尔夫球，跟人喝酒。我不知道怎样才能让丈夫洗心革面。请务必前来帮忙！
去凹凸街一家叫“樱桃”的店。
就是这啊……
欢迎光临。

来杯生啤、
一份炸鸡块和一份
煮蔬菜。
知道了。
店里真空啊……
让您久等了。
……
虽然不难吃，但很普通。而且碟子上有缺口还在使用。管理不严啊。
感觉店里气氛懒洋洋的。怪不得现在生意萧条。
谢谢惠顾。
今天餐饮顾问会来咱们店，你别出去！
多此一举！
他懂啥啊！

今天是经营者交流学习的日子。
我要走了！
昨天打高尔夫，今天参加学习会，还不是要聚起来喝酒吗？
店里销售额一直在下降。你多少为店里考虑考虑吧！
老顾客一直称赞我们店味道好。
只要相信这个事实，顾客会回来的。
你等等……
我叫阿正，
是一名为全国餐饮店提供咨询的顾问。
抱歉打扰了。
！
你是谁？
我们不需要咨询。
不好意思，你走吧。
老板，你能不能考虑一下您妻子的心情，花点时间跟我交流一下？
……
没办法，好吧。
你尽快吧。
我们来车站干什么？

我们打车，装作去“樱桃”的顾客看看。老板，请你保持沉默。
啊?
司机，去凹凸街的“樱桃”餐馆。
凹凸街有这样一家餐馆吗?
真是的!
有，当然有!
这是地图。
我开的士5年了还是第一次听说……
啊，原来是那啊。
最近那附近开了许多餐馆，原来在那里啊。
一直觉得我们店味道好，在当地都是有名的，可为什么会这样……
接下来我们作为顾客试试店里的味道。
さくらん坊
咦?
怎么了?
这个炸鸡块味道不一样了!
皮应该是脆脆的，很好吃才对。

酱汤的味道应该更浓些才对啊。其他料理的味道也都变了……
你们为什么不照着菜谱做?
炸鸡块也好，酱汤也好，制作工序都很多，和以前的店相比真是太麻烦了……
さくらん坊
さくらん坊
さくらん坊
对不起……
就是要费时才能做出好吃的料理啊!
你们为什么不明白呢?
打烊后——
您是喜欢听好话，然后就得意洋洋起来了。另外，您也完全没发现员工偷懒。
您真是“皇帝的新装”里的皇帝啊。
其实顾客也没恶意。
只是希望您高兴才过度赞许了。
亡羊补牢为时不晚，今后绝不能自以为是了。
我会铭记在心的。

员工不按照菜谱烹饪，其实原因还在老板你的身上。
你并没有定期检查料理的品质是否始终如一。
没错。
首先你要尽可能多地在店里试吃和其他顾客一样的料理。
很多时候，料理在厨房做好时还是热乎乎的，等端到顾客那已经变温了。
坐下后就能用和顾客一样的角度，看清店里之前没有发现的种种问题。
确实如此。
另外，要想招揽顾客，设个招牌还是挺有效的。离店 1 公里外的地方立个大招牌即可。
并且在离店 150 ~ 200 米远的地方也要立个引路的招牌。
餐馆
樱桃
向前
500 米
知道了。
我立即就去做。
无论店里料理怎么好吃，没人知道的话也没有什么意义。
两个月后——
阿正先生，欢迎光临。
好久不见了。

看样子您在店里很努力嘛。
是啊。
我基本上每天都在店里试吃，并按顺序坐在不同的位置观察店里的情况。
比如店员难以照顾到的座位啊，应该在哪里贴海报啊，等等，
之前疏忽了的地方现在都一一发现了。
我也经常和店员交流，让他们知道遵照菜谱的重要性。
现在他们还为我考虑了既遵照菜谱，又能提高效率的烹饪方法。
另外，我还会把经营方针告诉他们，这样他们就能积极地对新菜单提供建议。
已经不再是“皇帝的新装”里的那个皇帝了嘛。
呵呵呵。
自从把招牌立在路边驾驶员容易看见的地方后，店里的生意比去年增加了20% 以上。
真厉害啊!
眼前能看得到的切实的成果，会带动店里的改进啊。
老公好像变回从前那样了每天都认认真真地工作。
这真是要好好感谢阿正先生啊。
你最近还去打高尔夫球、参加宴会吗?
お食事処
哪有时间啊。今天店里要接待大公司的顾客。
那些活动就算了吧。
哈哈哈哈。

第 3 章
理解顾客的不满

阿正的建议

“顾客餐后说的话，便是顾客真实的想法。”

第 11 条
明示涨价的理由
茨城县某处——
牛焼亭
DINING
Gyushotei
生啤
全天
100円
生啤
全天
100
这么做根本不赚钱啊……
再来一杯生啤！
来了！
这边也再来一杯生啤！
请稍等。
店里究竟怎么样呢？
菜还没好吗？
马上就好……
……

肉很好吃。
黒毛和
谢谢夸奖！
期待您下次光临！
我会再来的。
不过店里的大多数顾客都点啤酒了，很少有人点肉菜。
啊……
……
要是您有时间，我们可以聊聊。
我是一名为全国餐饮店提供咨询的顾问。
生啤只卖100日元，根本不赚钱啊！
事務室
嗯……没错。
其实还要倒贴……
对吧。

如果倒贴，
就应该停止以100日元
的价格卖生啤。
涨价吧！
要是涨价，顾客就都
不来了。
现在的顾客都是为才卖100
日元的生啤而来的啊。
不过要是这么倒贴下去，店
铺早晚会倒闭的。
……
如果涨价，顾客能理
解吗？
给顾客写封信吧。
就说现在是百年一遇
的经济不景气状态。
只要把涨价的缘由写清
楚，顾客还是会理解的。
其实之前我也想过这么做，
但顾客的名单太多，没来得
急整理……
不对不对。
不是给每个顾客写，而是写
张公开信贴在卫生间就好。
啊？

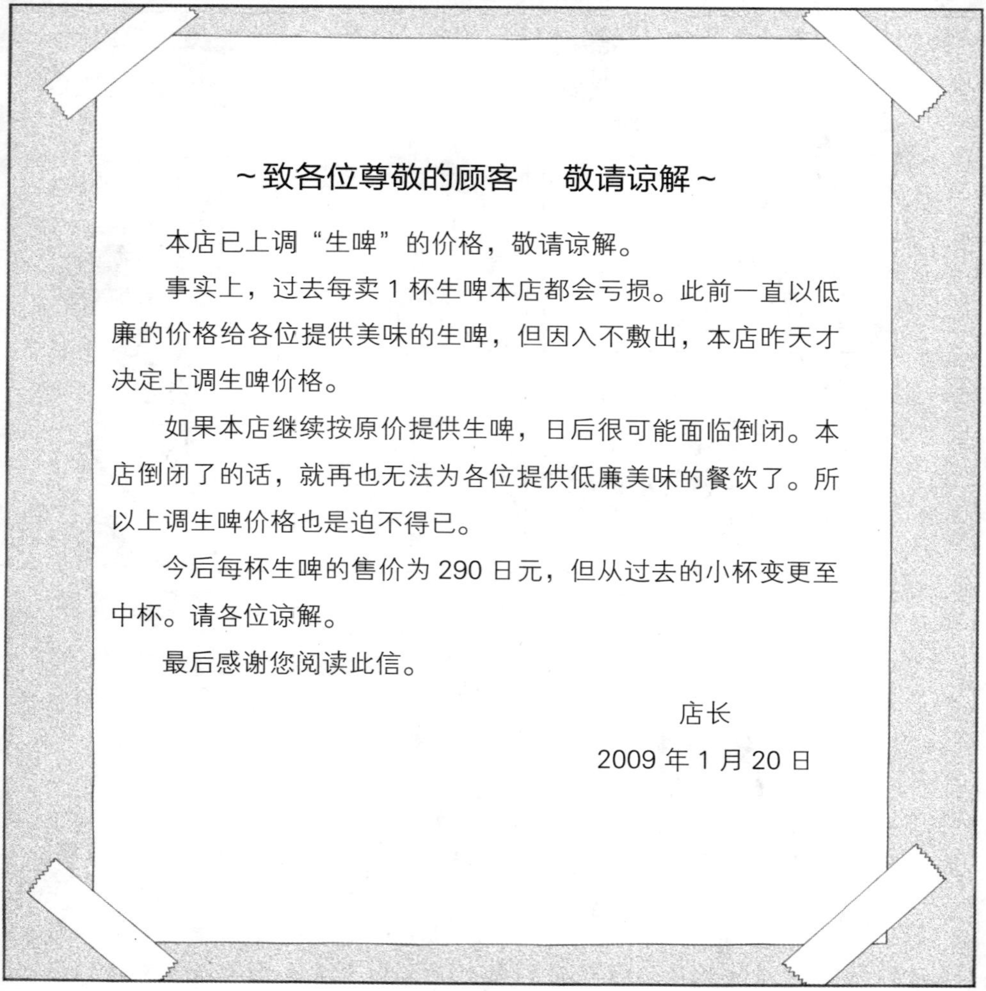

~致各位尊敬的顾客　敬请谅解~

本店已上调“生啤”的价格，敬请谅解。

事实上，过去每卖 1 杯生啤本店都会亏损。此前一直以低廉的价格给各位提供美味的生啤，但因入不敷出，本店昨天才决定上调生啤价格。

如果本店继续按原价提供生啤，日后很可能面临倒闭。本店倒闭了的话，就再也无法为各位提供低廉美味的餐饮了。所以上调生啤价格也是迫不得已。

今后每杯生啤的售价为 290 日元，但从过去的小杯变更至中杯。请各位谅解。

最后感谢您阅读此信。

店长

2009 年 1 月 20 日

我是一位3年来经常光顾你们店的顾客。因为便宜又好吃，所以每周都会来一次。不过我不能理解这次啤酒涨价的原因。原本卖100日元的啤酒一下子涨到290日元，你知道这么做会有很多人不再来了吗?我觉得你们这么做之后会让本店的魅力减半。你们不觉得菜单缺乏创新吗?至少我是不会再来了。以前是因为你们店比其他地方便宜又好吃才经常来，如今涨得这么离谱我也很遗憾。不知道我写的这些意见是否能传递到你那去，但作为一名老顾客，我还是把我自己的想法直率地写下来了。我感到十分遗憾。

一名老顾客

白石先生，
请你冷静想想。
顾客不来了店自然会倒闭，连续赤字的话店也会倒闭。
所以涨价是唯一的出路。
唉……
关于涨价的事，你要继续和顾客对话、沟通。
你给这位留言的顾客写封回信吧。
回信?
不过不是直接寄给他吧。
嗯，还是贴在卫生间里。
Gyushotei
阿正先生，
写成这样如何啊?
不错嘛。

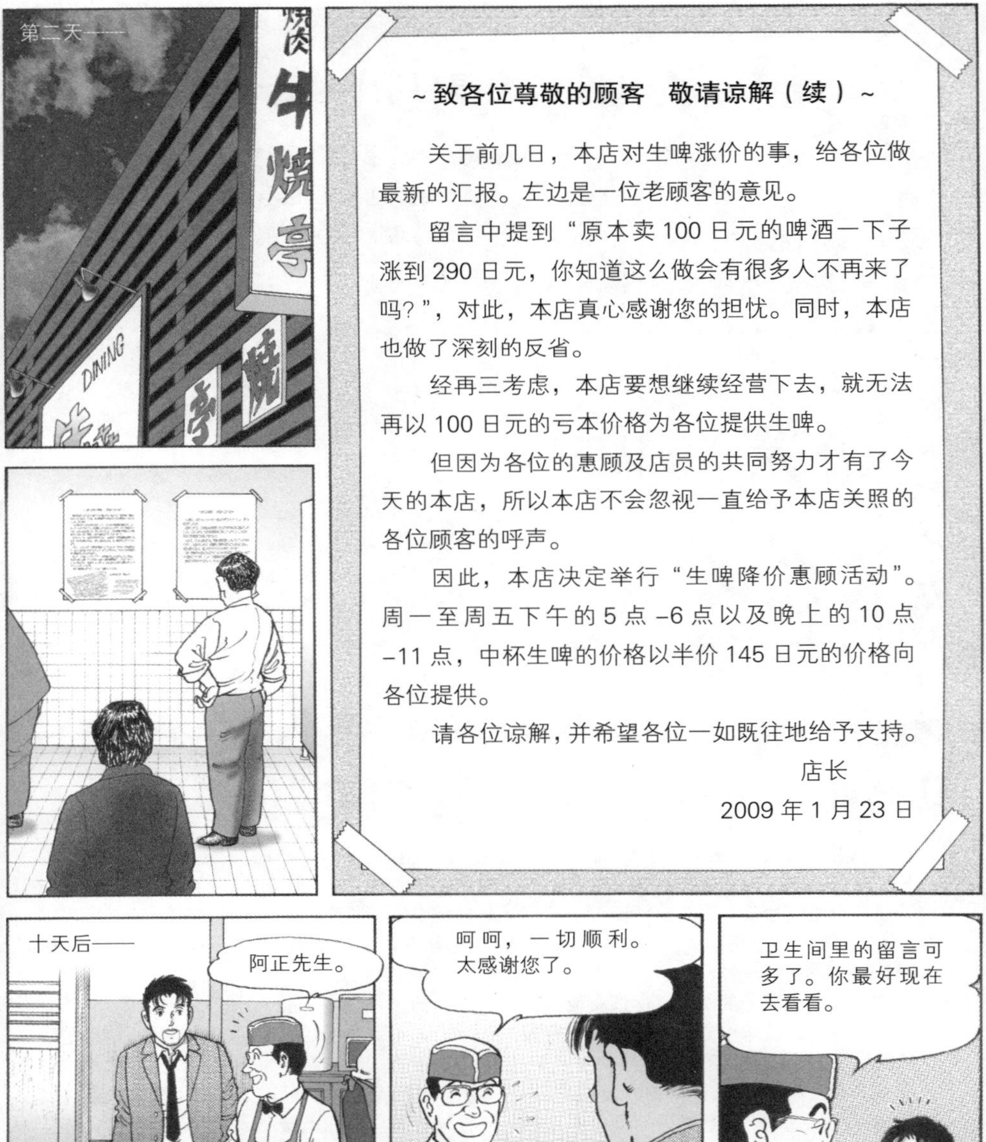
第二天——
~致各位尊敬的顾客　敬请谅解（续）~
关于前几日，本店对生啤涨价的事，给各位做最新的汇报。左边是一位老顾客的意见。
留言中提到“原本卖100日元的啤酒一下子涨到290日元，你知道这么做会有很多人不再来了吗？”，对此，本店真心感谢您的担忧。同时，本店也做了深刻的反省。
经再三考虑，本店要想继续经营下去，就无法再以100日元的亏本价格为各位提供生啤。
但因为各位的惠顾及店员的共同努力才有了今天的本店，所以本店不会忽视一直给予本店关照的各位顾客的呼声。
因此，本店决定举行“生啤降价惠顾活动”。周一至周五下午的5点–6点以及晚上的10点–11点，中杯生啤的价格以半价145日元的价格向各位提供。
请各位谅解，并希望各位一如既往地给予支持。
店长
2009年1月23日
十天后——
阿正先生。
从那之后事情怎么样啦?
呵呵，一切顺利。太感谢您了。
今晚请慢慢享用晚餐。
卫生间里的留言可多了。你最好现在去看看。
是吗?

本节要点 餐饮业咨询顾问 白岩大树

只要诚实应对，顾客也能理解涨价

食材价格相继上涨会导致餐饮店利润下滑。为了保证盈利，商家不得不考虑涨价。不过绝不能任意地乱涨价。因为这样不仅会惹恼顾客，还有可能导致顾客流失。

想让顾客理解涨价并且挽留住顾客，餐馆就需要与顾客进行充分的交流。所谓交流，就是力求相互理解，而非单方面的决定。有些餐馆虽然明示了从什么时候开始什么菜上涨多少，并给出了理由，但这也是餐馆单方面的决定，很难得到顾客的理解。而且顾客对此也有自己的想法。所以为了让餐馆能继续经营下去，餐馆有必要充分了解顾客的想法。

接着是关于交流的方法。餐饮店应该根据各自的情况选择最佳的方式。比如可以在餐馆的网页上或老板的博客上与顾客进行沟通。如果老板不常用这些工具，那最好选择其他方式。因为随意发文反而有可能惹恼顾客。

像本节阿正在卫生间里张贴公开信也是不错的方法。首先是因为卫生间是比较放松的场所。其次是因为张贴在卫生间里要比张贴在其他地方更容易让人接受。总之，卫生间是能让人耐心阅读的环境。最后，餐馆要以自己真诚的语言打动顾客。

①忘年会：是指集体以聚会的形式在每年（西历）年底举行的日本传统的团体活动，目的是忘却过去一年的辛劳。

②新年会：是指在每年年初的一月份（日本人称西历的一月为“正月”），学校、公司等举行的日本传统的团体活动。一般是以欢庆、祝福新一年的开始为目的举行的宴会。

2F
創作料理
栃友郎
好久不见！
！
啊，阿正！
好久不见。
店里生意怎么样啊？
唉……
忘年会和新年会的预约情况都不好……
知道原因吗？
不知道啊……
我对我们店的料理和服务还是有自信的，但是问题出在哪里呢？
……
拿宴会套餐的介绍给我看看吧。
好的。
以这种价格和这种套餐的话就不会逊色于其他店。

老顾客都知道我们店好。
不过新的团体顾客，特别是年轻人都很少来，还是很担心店铺的未来啊……
其实你们需要做到让顾客消除心理上的不安。
心理上的不安？
先要知己知彼才能百战百胜。
明天下午抽点时间出来跟我逛逛吧。
嗯……好的。
第二天——
顾客请看。
海鮮居酒屋
まりも家
……

看出来有什么不同了吗?
价格和套餐里菜的数量都差不多啊……
没错。
关键是套餐和价格之外的部分。
这张传单下方有写注意事项……
听取顾客的各种要求!
·提前两天可取消预约或变更人数。
·本店不收取服务费、小菜费。
·结账可以刷卡。
·可以提前宴会开始时间和延长宴会时间。
就是这样!
要是套餐和价格没有太大的区别的话，顾客就会根据其他条件来比较。
但像这种事，打个电话不就可以说清楚了吗?
现在和以前不一样了。现在很多年轻人担当聚会负责人时，都喜欢先通过网络来检索店铺的信息。
因此很少会有人打电话询问具体细节。
这样啊……
因此需要提前写明详细的信息。

另外，他们往往喜欢在中午休息的时候打电话预约。电话没人接的话就立刻给别家打电话了。
我们店中午并不营业，要是中午打电话过来的话也没人接啊……
中午要是店里没人的话，一定要把电话转接到手机上。
嗯，好的。
为了消除聚会负责人心理上的不安，
最好在店铺的网页上特地为他们制作一个专门的页面。
专门的页面？
就是回答聚会负责人疑问的页面。
原来如此。
聚会负责人看过传单后，通常会上网查看店铺更为详细的信息。
那具体要刊登些什么内容呢？
比如可以开具有公司抬头的发票，欢迎聚会负责人前来考察，
要是顾客提前说有不喜欢的食材，店里可以特别准备等。
这些内容都要写啊……

即使是很普通的问题也要耐心地说明，这样就能让聚会负责人感到本店在认真对待他的需求。
嗯，没错。
内容最好采用一问一答的形式，这样容易让人看懂。
知道了。
须藤君，
你过来一下！
做一个本店的问答页面。
比如写上本店还提供保管鲜花、礼物等服务，如何啊？
主意不错嘛。
别忘了在传单上登载问答页面的链接。
好的，知道了！
这样到3月欢送会、欢迎会的高峰期时，应该就会有很多团体来预约了。
嗯。

3月中旬——
欢迎光临"枥太郎"居酒屋!
这是我们店欢送会、欢迎会的套餐。
欢迎光临"枥太郎"
嗯,
这个时间段没问题。
20个人是吧。
感谢预约!
20个人……
太好了!
4月初——
请多关照!
您辛苦了!

本节要点 咨询顾问 真喜屋实行

耐心传达基本信息，让顾客放心

给顾客介绍宴会的套餐时，很多餐馆只特别强调了料理的分量及价格等商品信息，却没有提及聚会负责人想知道的重要信息。其实对于多数宴会的负责人来说，料理的内容及价格只要达到一定的标准就可以了。实际问题是餐馆没能通过传单及网页充分展示本店料理的魅力。

其实聚会负责人在意的是从预约开始到宴会当天，餐馆应对的好坏。比如当想变更人数或取消预约时提前几天与餐馆取得联系就可以，或是套餐外的料理是否能当场点，或是套餐里是否包含开胃小菜的费用等。

对于聚会负责人这些疑问，餐馆如果在传单及网页上明确写明的话，聚会负责人就会优先考虑联系这家店。正如本节里阿正所说的，这些事虽然对于餐馆来说是理所当然的，但还是要耐心地告诉对方，这样就能让年轻的聚会负责人放心，给他留下亲切热情的好印象。

其实还有很多方法来向顾客传达信息。很多顾客都喜欢用电脑或手机查询信息，但高龄顾客有可能不会使用这些工具。对于高龄顾客，只要写明本店可以为他们寄送或传真店铺的地图，就会让他们高兴。另外，如果店铺离车站比较远的话，可以考虑给顾客报销部分打车费，这样也会让顾客开心。餐馆要是能周到地做好这些细节的话，顾客也就没理由不来本店。

虽然这么做可能会增加成本及工作量，但能确保顾客来店的几率。餐馆需要花点小钱钓大鱼，对吧？

第13条
谨慎处理顾客遗失的物品
静冈县某处——
阿正先生，
今天请您慢慢享用晚餐。
嗯，
那就拜托了。
我刚刚把钱包忘在座位上了。
啊？
我刚刚才走，钱包应该还在那里。
我可以找找吗？
丢了钱包可麻烦了啊。
那您找找吧！
……

没有啊……
应该就落在这里了，怎么找不到呢……
我问问其他店员吧。
你在那个位子捡到钱包了吗？
没有。
你还是问问其他人吧。
……
所有人都问过了，好像谁也没有捡到。
这不可能！
那您是怎么结账的呢？
我刷的卡。我身上现在只有卡包。
这位顾客，
我是本店的管理者。
请这边说话。
唉，
真讨厌。
非常遗憾您丢了钱包。
店里的员工都没捡到钱包，所以我认为可能有人偷了您的钱包。
钱包被偷了啊……

还是立即报警吧。
啊，报警啊……
附近有没有派出所？
车站前就有。
店长会跟您一起去的，请放心。
这样最好。
那我们现在就走吧！
……
打烊后——
啊？
原来是顾客弄错了？
钱包好像掉在隔壁店门口了。
到派出所时，已经有一个钱包被人捡到送到那儿了。
不好意思，让您担心了。
店里没发生盗窃，那最好了。
真的！
顾客们都有些不安了。
呵呵……没错。
没错。
阿正先生，不过话说回来，要是顾客自己丢了钱包，应该是顾客自己的责任吧？

那我不是没必要陪顾客一起去派出所了吗?
钱包弄丢的责任的确在顾客身上。
但如果当时顾客顽固地声称“就是在店里不见”的话，对于店里会造成不好的影响，对吧?
而且对待把钱包弄丢了的顾客，本店也应该尽可能地给予帮助。这是待客的基本原则吧。
是。
顾客也会很感谢我陪着一起去了派出所的。
要是顾客抱怨“店里管理不严，是你的错”时，他就有可能在店里激动、生气。
店长，半年前不是也发生过相同的事吗?
嗯。
的确发生过。
一位喝醉的顾客说自己的包忘在店里了，就回来取。
我刚才把包放在这里了!

为什么没有啊?
是不是你偷了?
这，这不可能。
那我问问其他人好了。
啊?
对不起!
你看见这个座位上有个黑色的包吗?
您知道吗?
没看见。
果然被偷了。
你们有没有人看见我的包被谁偷了?
你是在怀疑我们吗!
开玩笑哦!
刚刚那个人说
“包被偷了”，
这真是家嘈杂的店。
顾客，
这边请。
太抱歉了。
我心情很差!
我们走吧!

非常抱歉……
居然发生过这样的事……
其实要是在那位顾客发火前，就跟她一起去派出所的话就好了。
之后当被老顾客问道“店里发生了偷窃？”时，我都很尴尬。
要是“这是家盗窃频发的店”这样的谣言流传开了，顾客立刻就会减少。
那阵子生意也不好，也许就是这个原因……
要是不注意……
其实问其他顾客也不好，总之要先拜托警察。
知道了。
不行，这样很危险。
其他人可能装作是自己钱包掉了，前来认领。
的确如此。
阿正先生，
当店员或其他顾客捡到了钱包，如果失主前来认领，直接给他可以吗?
那应该怎么办呢？……

如果顾客捡到东西了，要和他一同确认里面的物品。
然后记录下捡到遗失物品的日期、地点，物品的颜色、形状等特征及里面的东西，还有捡到东西的人的联络方式。
另外，也要交给捡到东西的人一份遗失物保管单，并写上本店的店名。
我们有顾客遗失物记录本，不过没有和捡到东西的人一同确认过里面的内容，也没给过遗失物保管单。
这是法律规定的内容啊。
即便是一把伞也要做记录，并尽早报告给警察。
知道了。
一个月后——
居酒屋 遊山亭
刚刚在椅子下面发现了这个手提包。
谢谢您！
我们一起确认里面有什么东西吧！
这个红色的钱包里有1.4万日元。
嗯，没错。
这是遗失物保管单。
好的。

本节要点 日本餐饮咨询研究会事务局局长 森茂树

记录捡到的遗失物品，并将物品保管单交给拾得者

当顾客找不到遗失物品时，就要劝告顾客尽快报警。店里如果有人可以陪同前往派出所或警察局，顾客也会放心不少。店里有时会发生物品被人顺手牵羊的盗窃事件，所以这就需要餐馆张贴海报来提醒顾客注意看管自己的随身物品，并注意是否有可疑的人。特别是当店内服务员较少时，就更有可能发生盗窃事件，要引起注意。

2007 年 12 月，日本修改了关于处理遗失物品的《遗失物法》。该法律规定，当店员或顾客捡到其他顾客的遗失物品时，店家除了要记录下遗失物品，还要交给拾得者一份物品保管单。具体而言，要记录下“捡到物品的时间和地点”“遗失物的颜色、形状”等特征，“物品内的现金”“拾得者的地址、姓名等联系方式”等内容。当确认遗失物品时，一定要在拾得者在场的情况下一同进行检查。检查完后，要把一份记录下遗失物明细并写明餐馆名称的物品保管单交给拾得者。这样做的话，当失主在餐馆把遗失物交给警察前出现时，就能立即归还。这样做还能避免当失主拿回物品后发现里面现金变少等投诉。

无论是贵重物品还是一把伞或一件衣服，餐馆做好记录后都要尽快交给警察。有时保管在店内的遗失物会发生弄脏、丢失等问题。所以只要立即交给警察，就能避免发生这样的问题。

遗失物品的处理原则可能会因为店内的人员更替而有所疏漏。因此，店里开会时要教导员工一定要按原则办事。

第14条
顾客小声嘟囔背后的事实
埼玉县某处——
佐佐木先生，新推出的意大利面味道怎么样啊？
嗯，很好吃！
不错啊！
山田先生，新推出的意大利面味道如何啊？
欢迎光临。
铃木先生，新推出的意大利面不知道合不合您的口味啊？
很好吃啊！
有两下子！
啊，田中先生，欢迎光临。
好像量比较少啊……

您久等了。
一共是 4500 日元。
啊?
哦，给你……
这是收据。
欢迎下次光临。
……
打烊后——
阿正先生，
让您久等了。
我们店的新菜如何啊?
嗯……
很普通啊。
不过老顾客都说好吃呢……
那么新顾客有什么看法?
今天店里的新顾客不多……
对于新菜的评价要是不主动问新顾客，就无法知道顾客的真实评价。

嗯……
老顾客不希望讨嫌，所以往往不会说不好的地方。
老顾客口中的“好吃”其实也就是“普通”的意思，只是客套话而已。这点以前跟你说过吧？
嗯，说过。
阿正兄，今天真严格啊……
今天过来原本是为了对新菜做评价，但我发现了更严重的问题。
啊？
是什么？
赶快告诉我！
川田君，你有认真听过顾客的“评论”吗？
评论？
是现在流行的留言软件吗？
呵呵……不是。
就是顾客饭后在不经意间透露出的话语和态度。
就是此时顾客才会表达出对新菜及这家店的真实评价。
比如说？
比如顾客感叹道“吃得好饱啊”、“好便宜啊”、“哇”等这样的话……
“哇”代表什么呢？
“哇”能代表顾客的真实想法。
比如顾客对菜量满意时会“哇”地自然而然地发出感叹。
其实只要结合顾客的表情及态度，就能大概知道顾客对新菜的评价了。

说实话，我还真没注意过这些细节。
就说顾客用餐后的态度吧，有位新顾客尝了新菜后，结账时一直盯着收据看。
啊，
真有此事啊?
你知道这代表什么吗?
他在看有没有算错吧……
没错，他在确认价格。
但是我们店很少算错账，收银的姑娘做得也很好啊。
所以不应该被顾客怀疑算错了吧。
我觉得恐怕是顾客认为价格比自己预想的要高吧。
啊?
于是就盯着收据看吗?
对。
这说明店里有些菜的定价不合适!
这可是大问题!!
是对新菜的定价不满意吗?
顾客对价格的认可度是最关键的。
那位还小声嘟囔道“量少”，顾客表情也不太满意。
接着说说下一个问题。
?

有些顾客点菜前看了好久的菜单。
你觉得这些人在想什么呢?
也许是没有自己想吃的，或者没找到吧。
为什么会找不到呢?
不知道点哪个吧……
为什么顾客会这样呢?
可能不合自己的口味吧……对了，
也许是因为菜单做得不够好，很难发现自己想吃的菜吧。
没错，
就是这样！没有卖点的菜单就会让顾客难以选择。
还有可能是顾客很在意价格，一直在对比哪个比较合适。
这样啊。
细心观察顾客其实就能发现很多问题啊。
阿正先生，真是如您所说啊。
嗯，
尤其是你只跟老顾客说话。
跟新顾客相比还是跟老顾客更容易搭话，对吧?
被你发现了……

其实不管是新顾客还是老顾客，我觉得你都没能全面地观察顾客的表情。
你说得对。
很惭愧啊。
根据顾客的年龄、性别及和顾客一同来的人的不同表情，即使是同一种嘟囔或态度也代表不同的含义。
原来如此。
不过如果听不清顾客的小声抱怨该怎么办?
おでん
看表情确认。
由此你可以推测到顾客是做了正面的评价还是负面的评价。
明白了。
我今后会留意顾客的小声抱怨及态度的。
餐厅 K
……我要讲的就是这些。
大家有疑问吗?
对于手册上列举的顾客的各种喃喃自语及态度，你们要认真观察。
当顾客小声嘟囔时，要注意观察他的表情。

如果顾客走的时候还向厨房里张望的话，
这是代表顾客对料理及我们店感到满意。
要是顾客用力关门，说明顾客可能有什么不满。
如果你们发现顾客有什么其他表现的话，欢迎继续补充。
好的。
我们店新菜的味道如何啊?
哇，真好吃。
给我再来一份。
谢谢夸奖。
……
您要是不知道点什么，这些推荐菜品如何啊?
啊，
是这个啊!
最近怎么样啊，
川田?
阿正先生，
店里变化可大了!
真的啊，有什么变化啊?
员工都能很好地把握住顾客的需求了!
真棒啊!

本节要点 日经餐馆杂志编辑部

注意顾客的“不悦感”

有多少餐馆能注意到顾客“无声的不满”呢？想要餐馆生意兴隆，这样的努力就必不可少。即便顾客有所不满，也很少会直接向餐馆反映。多数情况下顾客只是一言不发地忍下心中的不满，日后不再来此店。

因此，这就需要每一位服务员平时多观察顾客的表情变化，侧耳倾听顾客的喃喃自语。

比如当顾客长时间盯着收据看的时候，就要注意顾客微妙的表情变化。当觉得顾客的表情不太对时，就要主动上前询问顾客有什么事。

接下来的这个事例是真实发生的。服务员向某位不知道椰奶味道的顾客推荐了含有椰奶的饮料。顾客在喝的瞬间，脸上短暂地浮现出了困惑的表情。这时服务员立刻就问道：“您怎么了？”，顾客回应道：“椰奶原来是这种味道啊。”其实只要喝一口就知道里面只是普通的牛奶而已，但顾客也没要求退换就接受了。如果服务员疏忽了顾客的表情变化，不主动询问，顾客可能就会心想“这是什么啊，和牛奶没什么区别嘛。真失望”，嘴上不说心中却不满。如果服务员一直没发现自己的失误，就有可能接二连三地让更多顾客产生更多的不满。

其实只要常常观察顾客的表情，在顾客开口前就察觉到顾客的需求，就能防止顾客投诉的发生。

第 15 条

措词不当会引起顾客的不安

不好意思，
店里比较吵，打扰到您了。
……
服务员，
我们这来两杯生啤！
好的，
请稍等。
阿正先生，
让您久等了！
生意不错嘛！
这都多亏了您了。
我遵照您的建议，每天都尽全力外出推销。
尽早准备还是有好处的呢。
这些顾客要是新年后再次光临，我就满意了。
我对店里料理的味道还是有自信的，顾客应该会再来的。
但愿如此……
啊？
你有什么发现吗？

为了忘年会，你都让店员们准备了些什么啊？
尽早让他们在外面做宣传……
但他们还要在店内待客，好像忙不过来吧。
待客吗？
要是这么下去，别说期待顾客再来了，就连老顾客都不会再来！
啊？
怎么会这样……
那您能不能指点指点？
明天你能让员工早点过来吗？
好。
那就拜托了。
第二天——
武藏野家
居酒屋
昨晚我观察了大家的待客方式。
我知道顾客多时，大家都忙得不可开交。
不过就算再忙，也要细心服务。

由于现在已经没那么多时间了，
所以先从措词和搭话方式开始改正吧。
是。
小林，
昨晚有些聚会的顾客比较吵，你是不是给顾客赔礼道歉了？
是！
因为邻桌的顾客看上去好像很不高兴……
这种情况下你跟顾客说句话是没错的。
……
不过这时你要注意措词。
嗯，我好像没有对顾客说什么失礼的话吧……
你是不是说了“店里很吵”啊？
嗯，
有什么不妥吗？……
店里的确很吵。
但这么说的话，就感觉店里对那些聚会的顾客像有意见似的。
要是你这么说，那些想在我们店办聚会的顾客还会来吗？
这么说的话，好像是不对……
这时你只要说“店里变得热闹起来了”即可，这样也能说明店里考虑到双方的顾客了。
是。

然后是……
铃木。
是……
你是不是问过顾客要不要给他们分菜？
我是问过顾客“要不要给您分菜”……
那顾客有何反应？
呃……
如果顾客吃得慢，肯定是因为讲话讲得很起劲。
这时你问对方要不要分菜，也会打扰到他们的谈话。
……
这时你不用问，直接说声“我给您分菜了”即可。
应该不会有顾客讨厌你给他们分了菜，这么说也能提高工作效率。
好的！
知道了！
接着是你，神田君。
是。
你在收拾桌子的时候，身后桌的顾客是不是要加点啤酒？
嗯……
这时你并没有回过头去，只是说了声“请稍等”，对吧？

好像是……
我知道你当时忙。
但要是说话时，不看着顾客的话，会让顾客感到不安。
另外，有些顾客可能会觉得“请稍等”这句话有点命令的语气。
不论怎么忙也要看着顾客回应道：“马上就来。”
知道了。
大家待客时还有什么疑问吗？
想问一下……
请说。
要是顾客想让我给他们拍照，这时正好有下批顾客在等座位，我该怎么办……
这时你就应该说“我要拍了”，尽快给他们拍照。
这样啊！
限制的时间到了，可顾客还是不走，该如何提醒顾客呢？

要是你，你会怎么做？
如果是我，我可能直接对顾客说："不好意思，预约这个时间段的顾客已经来了。"
这么做没错。
但这么说会让顾客觉得是在催他们快走。
这样啊……
这时你可以说"谢谢您今天光临本店。请您慢走"，这样顾客就不会觉得是在催他们走了。
欢迎光临！
让您久等了！
忙碌时也别忘了微笑待客。
另外要尽可能避免消极的表达方式，力求用积极的表达方式！
武藏野家
居酒屋
知道了。
我帮您分菜了。
我要拍了。

本节要点 日经餐馆杂志编辑部

积极的表达方式和洞察力是待客的关键

年末、年初是宴会较多的时期。由于这个时期预约会增加，店里也比较忙碌，所以服务质量容易下降。此时餐馆就要注意员工待客时的措词。大家都知道不同的表达方式，会给顾客留下截然不同的印象。

要点是要尽量避免会给人留下消极印象的表达方式。比如阿正建议的那样，最好避免直接使用“吵闹”、“做不到”、“没有”等词汇，要改用积极的表达方式。

例如店里的餐桌座位都坐满了，此时来了两位顾客，如果服务员说“不巧，现在只有和别人一起坐的柜台的座位了”，这里的“只有”就是一种消极的表达方式，顾客会觉得“那我们还是换家店吧”。相反，如果服务员说“如果您不介意，现在马上能给您预备好柜台的座位”，这样给顾客的感觉就完全不一样。会提高顾客进店用餐的几率。

特别是在年末，由于接近年关，顾客们往往会容易不耐烦。此时更需要员工洞察顾客的各种需求。即使顾客没要求，服务员也可以主动给顾客分菜，或者主动为顾客拍照。这样不但能给顾客留下良好的印象，还能提高工作效率。

服务的好坏关系到顾客是否会再次光临。越忙的时候就越要注意措词并提高洞察力。要做到让顾客下次还想再来用餐。

第4章
防患于未然

阿正的建议

"从顾客进店时起就要注意防止事故的发生。"

第 16 条

尽早处理顾客之间的冲突

我在和人说重要的事。
你们小声点！
你说什么？
干什么？
想打架啊！
大叔！
你的事跟我们有关系吗？
你那边不是更吵吗？
喂，回来。
两位顾客，
请别激动！
您有什么事请跟我说吧，这边请……
这事交给我处理。
?
请您先坐回去。
我是本店的管理者。
刚刚怎么回事？
那个大叔找碴儿！
是旁边那位顾客突然叫你们小声点吗？
嗯。
刚刚是怎么回事？
那边太吵，我就叫他们小声点。
哦，原来您是想让他们小声点啊。

我理解你们双方的立场。
抱歉，由于本店比较小，相邻的座位也挨得比较近，所以你们说话能小声点吗？
要是里面有空位的话，我给你们调调座位吧。
还请你们多多理解。
知道了，我们会注意的。
人家都这么说了，你就算了吧。
嗯……知道了。
谢谢！
我让他们保持安静了，您也别跟他们计较了吧。
要是能安静地喝酒的话，我就没事。
谢谢各位！
请多多包涵！
刚才太谢谢你了。
刚才我好担心，要是他们打起来该怎么办呢。
幸好他们没打起来。
打烊后——
一楽
閉店しました
不过你为什么不让我把那位顾客带到里面去说话呢？
我觉得在里面调解，就不会影响到其他的顾客吧……

在没人看得见的地方反而更危险。
如果那个人激动起来跟人吵架或打架的话，就更危险。
周围群众的目光也是一种压力。
确实，他们冷静下来后，也开始在意周围人的目光了。
今天总算把那件事平息了。对于顾客之间的冲突，我们一定要小心调解。
趁着您在，就请教教我们如何避免和调解冲突吧。
我想让店员们都听听，明天早会您过来指导指导，如何？
嗯，好的。
那就拜托了。
第二天早晨——
……我要说的就是这些。
下面请我的师兄阿正给我们讲讲，如何应对顾客之间的冲突。
请随便提问！
如果发现顾客吵架或打起架来了，我们该怎么办呢？
首先通知店长，让他来调解。
要是店长不在怎么办……

这时就需要你们随机应变。
请注意以下几点。首先，调解时要公平地听双方的理由。
这时最好稍微低下身子看着对方。
对方已经很激动了，如果这时你还俯视他的话，有可能更加激怒他。
为什么昨天阿正兄一一复述他们讲话的内容呢？
这样就可以跟双方确认当时的状况，并拖延些时间来缓和事态。
在这个过程中，当事人就有可能恢复平静。
要是顾客打起来了，还是最好叫警察吧？
当然！
打起来的话当然要叫警察。要是他们在打起来前有激动的行为，比如砸东西等，就要立刻通知警察。
因为当打起架来时，就不是你们单独能解决的了。
调解的时候，其他人要根据情况，必要时过来帮忙。
……
在远处的店员如果看到他们马上要打起来了，就立即报警。
禁止员工只身一人上去拦架。
就没有提前避免他们吵架或打架的方法吗？
所以事先观察情形就特别重要。

事先观察?
就是顾客来店时，要注意他的服装、态度、口气等。
如果某位顾客看上去不是很好惹的话，就要多加小心，是吧。
如果觉得气氛不对，可能会发生冲突时，就要立即告诉其他员工。
给顾客安排完座位后也要常过去看看。
发生冲突的征兆，肯定会通过他们的眼神、话语流露出来。
如果发现了什么征兆，就要在情况恶化前，尽早采取措施。
昨天如果早跟那些顾客说“请保持安静”的话，也许就不会发生冲突了……
没错。
另外，卫生间也是容易发生冲突的地方。
卫生间吗?
因为不认识的人很可能会在卫生间里相遇。
由于卫生间一般都在店的里面或角落，店员们也不易观察到，所以即使发生了冲突也很难马上察觉到。
那应该
怎么办呢?

如果有顾客去卫生间，一定要上前告诉他卫生间的位置，并留意他是否不久之后就回到座位上了。
知道了。
从今天开始注意相互之间交流信息，防范顾客之间的冲突。
好的！
两周后——
刚刚有一位顾客预约了6个人的座位，但打电话时的口气十分粗鲁，要注意。
他们的预约是星期六。
先在记录本上写下些备忘信息吧。
在星期六的早会上再跟大家提一遍。
知道了。
小姐，
你怎么了？
这个人一直缠着我。
请不要为难这位小姐……
算了……
没什么事。

本节要点 餐饮业咨询顾问 白岩大树

观察顾客的变化，尽早控制局面

当顾客之间发生冲突时，建议店家要尽早过去劝解。因为周围有其他顾客看着，店家过去劝解也会让当事人冷静下来。即使升级为暴力事件，最后警察介入的话，周围的顾客也能当证人。

如果只是短时间地吵了几句就结束了的话，那么当周围的顾客结账时，记得对他们说句：“刚才吵到您了，抱歉。”有时由于顾客打架可能会牵连到其他不相干的顾客，比如把别人的衣服或东西弄脏或弄坏。这时就要向当事人及当事人的朋友把事情说清楚。如果当事人的朋友比较冷静，意识到问题的严重性后，就会帮忙解决、赔偿受害人的损失。

如果店里遭到了破坏，比如东西被打坏等，就要向当事人索赔。此时也要向当事人的朋友说明情况，递给他们餐馆责任人的名片，并确认对方的姓名和联系方式，以方便日后把物品损失的报价告诉对方。当冲突难以劝解，不断升级的时候，就要尽早报警。有些人担心事情闹大而不想报警。其实私下解决很危险，还是要交给警察来处理。

当店里发生了冲突或打架事件时，流言蜚语立即就会传播开来，这样就有损餐馆的形象。为了避免发生这种情况，防范顾客之间发生冲突就很重要。店员要注意气氛不和谐的顾客，并确认周围有没有人被他们影响到。在冲突还未发生时就要提醒对方“请保持安静”，或是给对方换座等。尽早采取措施就能有效防范冲突的发生。

第17条 细心说明食物过敏源

等等，这个调料里面应该使用了鸡蛋，你去跟厨师确认一下！
啊？
这是真的吗？
那我去问一下。
抱歉。
调料里使用了鸡蛋清，实在是不好意思。
啊？
幸好幸好。
其实我对鸡蛋过敏。
这样啊。
万一发病，会很不舒服，所以我很少在外面吃饭。
不过听说你们店味道不错，所以也想过来尝尝。
谢谢您的光临。
让我来处理吧。
这位顾客，我是本店的主管。
我们用橄榄油和醋专门为您做一份调料如何？
嗯，可以。那就拜托了。

但料理中有可能会混入少量的鸡蛋。
那种程度没事。
阿正先生，
太谢谢你了！
刚刚差点就出问题了。
您下次可以提前打个电话预约，这样我们就可以为您专门做一份套餐。
谢谢。
下次我会先打电话预约的。
听说在我一位朋友的店里，有位顾客吃完后就出现了过敏反应，情况十分糟糕。今天您恰好在这，就给我们指点指点关于食物过敏的事吧。
好的，
今天关门以后吧。
今天的那位顾客是对鸡蛋过敏，引起过敏的食物还有很多。
现在发张表格给大家看看。
这25种食物是食品卫生法规定的主要食物过敏源。
哇~！
居然有这么多啊。
其中鸡蛋、牛奶、小麦、虾、螃蟹、花生及荞麦这7种是主要引起过敏的食物，需要特别注意。
本品的原材料含有以下表内涂黑的过敏源食物。
牛奶
花生
荞麦
鸡蛋
鸡肉
牛肉
小麦
蟹
猪肉
鱼子
鲍鱼
虾
三文鱼
青花鱼
松茸
苹果
鱿鱼
山药
核桃
明胶
大豆
香蕉
橙子
因此，食品加工厂商在制造含有这7种食物的产品时，有义务写明。
那么餐厅也有义务标明食物过敏源吗?

餐厅没有义务标明，但有些大型快餐店及连锁餐厅都会自主地在自己的网站上标明料理名及原材料。
嗯，我以前见过。
我们店也在菜单上写明哪些菜用了这7种食物吧?
说得有理。
只看菜里有没有这7种食物就可以了事了。
其实没那么简单。
为什么啊？
叫大家来厨房。
你们看看加工食品的原材料。
啊!
里面居然有小麦!
要一一查看店里所有加工食品的原材料并标识出来是不可能的。
的确……
每天使用的食材都在变。
另外，即使灶台及器具洗得再干净，
比如小麦粉还是会飞散到其他料理里面。
这么少量的小麦粉也会引起过敏吗?

嗯，比如以前有个案例，放荞麦面的篮子洗过后又用来放乌冬面，结果引起了顾客过敏。
顾客过敏了会有哪些症状？
比如出现麻疹、呼吸困难、呕吐、腹泻、低血压等症状。
严重的还可能危及生命。
没想到会这么严重……
如果顾客问料理的食材是什么，我们是不是要跟顾客确认他是否对某种食物过敏呢？
不行，这样不可以！
过敏属于个人隐私，我们不应该问对方对什么过敏。
所以要对顾客提前说明“我们店已经对厨具及餐具进行了彻底的清洁，但在烹饪过程中还是有可能混入少量您过敏的食物”。
有些人并不是过敏，而是不喜欢吃某种食物而已。
顾客究竟是过敏还是不喜欢吃某种食物，他的回答也不一样。
好办法。

这样顾客就可以根据自己的喜好看自己要不要点这道菜，而过敏的顾客也就不会点这道菜了。
还有什么其他需要注意的地方吗？
不要自己判断菜里不含某种食材，这样回答最危险！
我中午就大意了……今后一定注意。
厨师也不能肯定菜里是不是混入了某种食材。
阿正兄，
今天真是学到不少。
谢谢指导！
一个月后——
吉野
お薦めメニュー
这个汤里有虾吗？
有，汤里有虾肉。
那么给我来个玉米汤吧。
事先跟您说明一下，我们的汤都是用同一微波炉加热的，所以汤里可能会混有少量的虾肉。

我不太喜欢虾，但一点点的话没关系。
谢谢你提醒。
我对虾蟹类食物过敏，你还是给我换成果汁吧。
好的。
这家店总是耐心地介绍，不错啊。
嗯。
要是再多些这样的店的话，对食物过敏的人也就可以放心了。
让您久等了。
看上去做得不错嘛。
呵呵。
多亏了阿正兄的指点。
自从店里开始对顾客细心说明食物过敏源后，对食物过敏的顾客倒是意外地增多了。
其实有1% ~ 2% 的人都会对某种食物过敏。

本节要点 日本餐饮咨询研究会事务局局长 森茂树

提前学习过敏知识，防范顾客食物过敏

正如阿正所说，加工食品中如果含有那 7 种主要的过敏性食物的话，按食品卫生法规定生产商有义务明确标明。此外，该法还建议标明以下 18 种引起过敏的食物：鲍鱼、鱿鱼、鱼子、橙子、猕猴桃、牛肉、核桃、三文鱼、青花鱼、大豆、鸡肉、香蕉、猪肉、松茸、桃子、山药、苹果及明胶。

虽然餐饮店没有标明的义务，但如果菜里含有以上这些容易引起过敏的食物，那么还是有必要提前告诉顾客。另外，餐饮店也要定期给员工培训该如何回答顾客的提问。

当被顾客问到菜里是否含有某种食物时，千万不能仅凭料理的外观或自己的主观想法随便回答。调味料里有可能含有的食材，或者在厨房有可能少量混入的食物都要考虑在内。

当顾客出现食物过敏症状时，要马上劝他去医院就诊。症状稳定下来后，再查找引起过敏的原因。如果是餐馆料理的原因，顾客就会要求餐馆确认食品里是否含有某种过敏源食物。即便该食物是通过某种形式混入到了料理中，如果餐馆提前告诉顾客“菜里不含有……”，那么顾客在食用后引起过敏症状时，餐馆也要承担赔偿责任。

作为赔偿，顾客除了会要求餐馆支付治疗费、交通费、停工补助外，还有可能要求餐馆支付精神损失费。

所以餐饮店要定期给员工培训，让他们意识到食物过敏严重时甚至会危及生命，从而预防此类事故的发生。

第18条

预防感染诺如病毒

这个月的销售任务太高啦。
好久都没感到这么累了。
嗯，不过顺利完成了，也就放心了！
你没事吧？
还行……
山田先生，
今天有新鲜的生蚝哦！
哇，看上去很好吃啊。
生蚝被称为“海中的牛奶”，营养很丰富。
那就来6个吧。
能消除疲劳的！
呃，
好的……
好吃！
很有弹性！
怎么啦，
加藤君？
你也吃啊。
店里生意不错嘛。
老顾客常来光顾啦。

呃……
……
哇……
你没事吧？
哇……
……
店长！
你过来一下！
怎么了？
啊？叫救护车吗？
对，快叫！
但是店里已经
……

打烊后——
那人好像是因为诺如病毒引起了肠胃炎，才呕吐下泻的。
是生蚝的问题吗？
不是，不关生蚝的事。
诺如病毒一般在进入人体24–48小时后才会发病。
因此，并不关生蚝的事。而且现在生蚝养殖业者也是相当注重品质管理的。
某些生蚝养殖区增加了诺如病毒的检测次数，现在1天就能知道检测结果。如果检测出了诺如病毒，在确保该海域所有生蚝的安全性之前是不会上市的……
这样啊……
给你们店供货的养殖业者是我的朋友，他一直严格管理品质。
太好了！
你放心得太早了！
啊？

为了以防万一，最好不要让抵抗力低下的小孩、老人、疲惫的成年人吃生的生蚝。
其实诺如病毒在 85 摄氏度以上的高温加热下，1 分钟之后就可以消除其感染性，把生蚝做成法式奶汁干酪焗菜就没问题。
如果看见顾客身体状况不太好的话，就不要推荐他吃生东西。
好久没感到这么累了
这样啊……
另外，店里还要避免自助引起的二次感染。
自助……吗?
很多被感染者在 1–2 周后，即便已经把大部分诺如病毒排出了体外，但还是携带着诺如病毒。
如果顾客或店员携带有诺如病毒，并在自助台上咳嗽或沾染了病毒的手接触到了食物……
那真是太糟糕了。
对了，有位员工因肠胃型感冒前天休息了。
最近总是很忙，却硬说身体还行……
我就不该让他来，对吧?

就算店里人手不足，员工被诊断出因诺如病毒引起的肠胃炎时，病症消失了也要 1 周后才能让他复职。
知道了。我再观察观察。

预防诺如病毒的二次感染有以下三个要点。

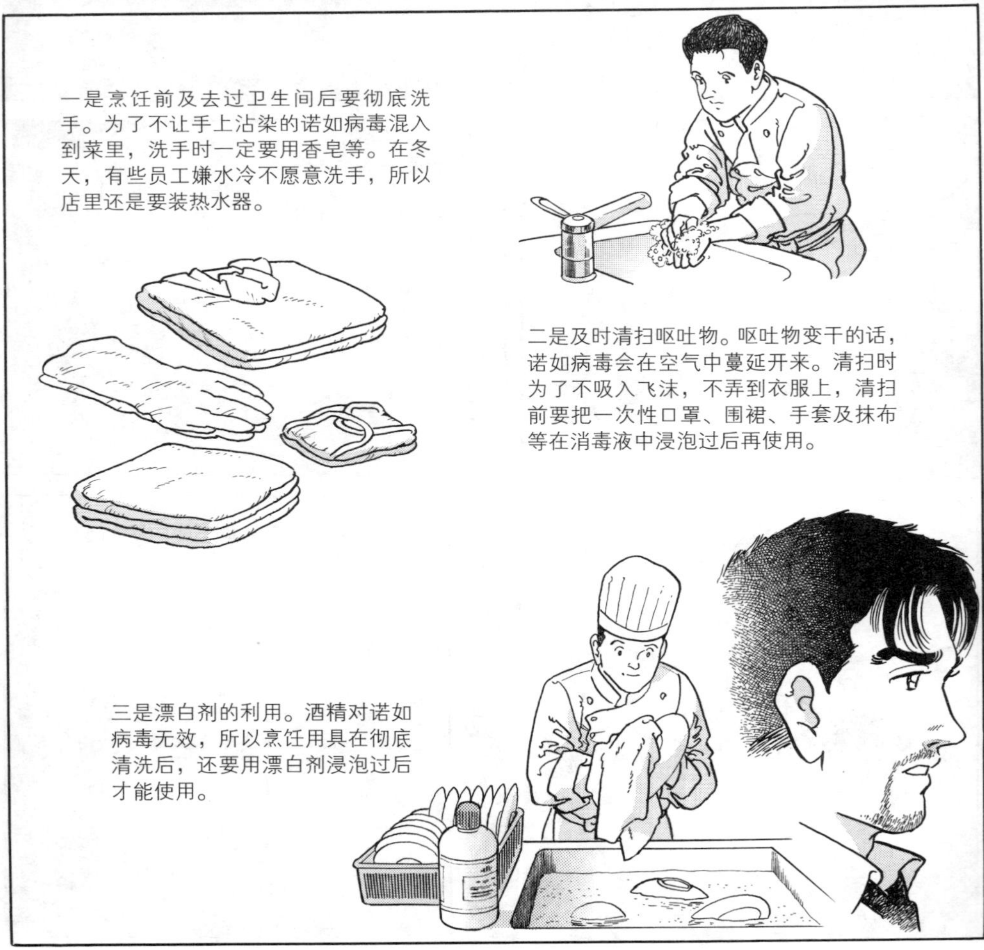
一是烹饪前及去过卫生间后要彻底洗手。为了不让手上沾染的诺如病毒混入到菜里，洗手时一定要用香皂等。在冬天，有些员工嫌水冷不愿意洗手，所以店里还是要装热水器。
二是及时清扫呕吐物。呕吐物变干的话，诺如病毒会在空气中蔓延开来。清扫时为了不吸入飞沫，不弄到衣服上，清扫前要把一次性口罩、围裙、手套及抹布等在消毒液中浸泡过后再使用。
三是漂白剂的利用。酒精对诺如病毒无效，所以烹饪用具在彻底清洗后，还要用漂白剂浸泡过后才能使用。

原来如此，知道了。
我会尽快告诉员工的。
1个月后——
La Mancha
谢谢您的帮忙。
加藤君，
最近身体如何啊?
已经完全康复了。
那个诺如病毒好像是上次出差时喝多了，被人护理时感染到的……让您担心了。
哪里哪里，
痊愈就好。
店里经过此事后也加强了卫生管理。
今天你们就慢慢享用吧。
今天一起来的这位女士好像是第一次来吧。
嗯，呵呵……
上次的事你就帮我保密吧。
呵呵呵，
知道了。

本节要点

注意诺如病毒引起的“感染病”

冬季，由诺如病毒引发的肠胃炎前些年曾被当成是一种“食物中毒”来处理。诺如病毒喜欢藏身于贝类的内脏中，这也是为什么生食生蚝容易引发肠胃炎的原因。

由于诺如病毒携带者可以直接把病毒传染给其他人，所以近年来作为一种“感染性”肠胃炎而受到关注。特别是在2006年出现了和以往不同的新型诺如病毒，很多人对此都没有免疫力，所以当时诺如病毒大肆蔓延（参照图表）。

诺如病毒携带者如果在大小便后不洗手，直接就烹饪或待客的话，会很容易把病毒传染给其他人。另外，如果顾客身上携带有诺如病毒，而他和其他顾客共用了餐桌上的调味料的话，也有可能传播病毒。

因此，为了防止病毒的二次传播，饭前便后要认真洗手，把诺如病毒“洗掉”。另外，诺如病毒还有可能附着在餐具、厨具及顾客共用的调味料瓶等物品上，所以要经常使用消毒液浸泡并擦拭这些物品。

■诺如病毒通过不同途径引起大规模感染的状况

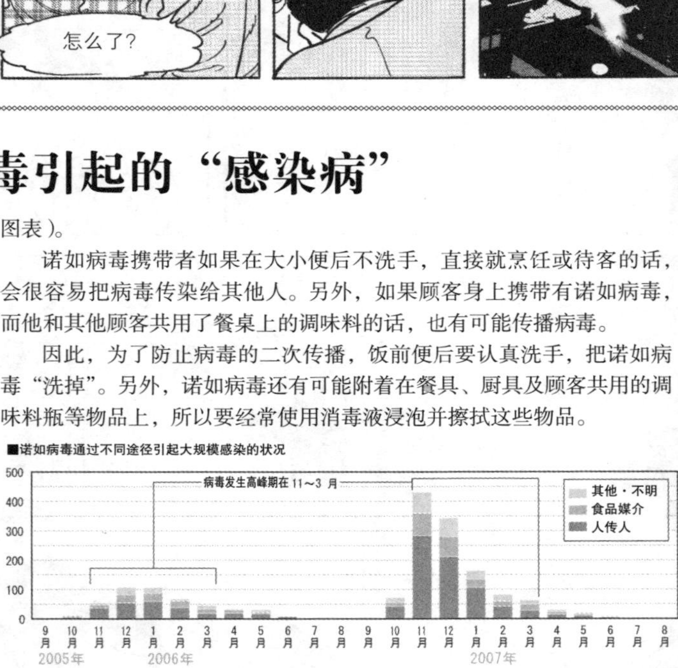

国立感染病研究所感染病信息中心月报（IASR）

第19条
注意未成年人饮酒
东京都某处——
你肯定能再喝几杯!
那好吧。
再干一杯!
再干一杯!
看吧,
我就说你能喝。

小伙子，
你没事吧？
晕，头晕……
你先躺躺。
他喝了多少？
五、六杯吧。
你们让他一口干了吗？
嗯……
晕，晕……
你们快叫救护车啊！
可能是急性酒精中毒啊！
啊？
怪不得喝完就不省人事了……
什么？
不会吧？
顾客，
怎么了？
这个学生一下子喝太多，呕吐了。
就算意识恢复过来了，也还是很危险，
快叫救护车！
好，
知道了！

刚才多谢您了。
我为全国的餐饮店提供咨询服务。
店里如果有顾客醉成这样，就要小心盯着！
很多顾客都会一下子喝好多，所以大意了。
要是不及时应对的话就有可能酿成大错。
是……
里面好像有未成年人。
你们确认过他们的年龄吗？
没有。
如果管得太严格的话……
你是担心顾客减少吗？
万一出事了你就追悔莫及了。
有居酒屋里发生过未成年人酒精中毒致死的事件，结果被强制停业4个月。
本店暂停营业。
店主
啊？
那样的话就太糟糕了。

其实我一直提心吊胆的，怕什么时候会有事呢……
是吧。
要是您有什么好办法能预防事故发生的话，就请教教我。
好的。
明天营业前，叫大家过来开个会吧。
第二天——
鳥久
这位是给全国餐饮店提供咨询的阿正先生。
今天阿正先生来给我们讲讲如何应对年轻顾客。
要避免未成年人饮酒事故的发生，需要做到以下两点：
一是不给未成年人提供酒类饮品，二是防止未成年人狂饮。
知道了。
要告诉顾客，店里严格执行这两点原则。
那要什么时候告诉顾客呢?
首先是电话预约时。
如果觉得对方的声音听起来很年轻，就要提前告知。

根据情况，也别忘了让对方出示身份证。
知道了。
如果顾客不愿意呢？
如果觉得对方是未成年的话，就要确认对方的年龄，比如让对方出示驾照等。
那就明确告诉对方，本店不能提供酒精类饮料给未成年人。
如果对方发牢骚的话，可以毅然摆出拒绝对方进店的态度。
现在便利店在顾客买酒、买烟时也会确认顾客的年龄，所以我觉得这么做，多数顾客还是能理解的。
说得对。
另外还要注意，比如先进来的一批顾客的年龄确认没问题，随后进来的未成年人未确认年龄就进店的情况。
好的！
既然要确认年龄，就不能疏忽大意。
同时还要常常关注他们是否暴饮。
应该注意哪些事项呢？
大声吵嚷的顾客，就要特别引起注意。

要常常确认周围是否有顾客喝醉了。
另外，如果顾客频繁地出入洗手间，也要引起注意。
有可能是该顾客在洗手间里反复呕吐。
有时候顾客可能在锁上洗手间的门后，在里面失去了意识……
如果顾客进去洗手间许久都没有出来，就要敲门确认。
必须常注意顾客的行动。
如果顾客喝醉了，我们应该怎么办呢?
在附近先观察一下情况。
如果顾客感觉头晕不舒服的话，就要让他这样躺下休息。
如果顾客醉得失去了意识并突然呕吐，就要掰开他的嘴抠出呕吐物，确保食道没有被阻塞。
也可以在店内贴上相关海报。
写些什么呢?

比如张贴“本店不给未成年人提供酒类饮品”，“禁止一口干”等这样的海报都会有很好的效果。
禁止一口干
本店不给未成年人提供酒类饮品
知道了。
一月以后是成人仪式及入学、毕业的时期，年轻人饮酒的场合也会比较多。
所以今天告诉大家的要点要牢记于心，防止事故的发生。
好!
一周后——
焼き鳥 鳥鍋
鳥久
一口干
NO
本店不给未满20岁的未成年人提供酒类饮品！
鸟久
您是预约成人仪式后的宴会，是吧?
根据情况，本店会让顾客出示身份证明来确认年龄……

本节要点 餐饮咨询顾问 岩本留里子

为不喝酒的顾客创造良好的用餐环境

当未成年人在餐饮店饮酒被发现时，给未成年人提供酒类饮品的店员及餐饮店责任人都会受到处罚。

正如漫画中阿正所说，之前发生过未成年人在居酒屋急性酒精中毒猝死的事件，结果居酒屋被责令停业 4 个月。为了防止发生这样的类似事件，餐馆在顾客预约及来店时，就必须确认顾客的年龄。比如看上去很年轻的顾客，就应该让他出示驾照或保险证等证件。另外，可以在店门口及厕所等显眼处张贴“严禁未成年人饮酒”的海报，以示本店的态度。

当团体顾客中有未成年人时，有些餐饮店会派发“我是未成年人”的标签。其实只要稍稍用心，就能制止成年人让未成年人饮酒。同时，餐饮店还应提供软饮料随便喝的套餐。以低廉的价格提供软饮料，就能减少未成年人及不喝酒的顾客的不满。

年轻人容易一时兴起就一口干杯。所以在顾客预约及来店时，店员就要明确告诉顾客“禁止一口干”。有时候顾客喝起劲了，店员也难以劝阻。这时就应该拜托比较冷静清醒的顾客帮忙劝阻。

为了让未成年人及不喝酒的顾客也能放心来店，餐饮店就该为他们创造良好的用餐环境。

第20条 与供货商建立信赖关系

打烊后——
打烊前没好意思跟你说……
鱼的品质下降了。
啊?
这，这怎么可能?
你不是每次都会试吃吗?
嗯，是的……
虽然因为便宜顾客增加了，但肯定好景不会长。
那该怎么办啊……
鱼类供货商什么时候再过来?
明天会来。
那我明天再过来一趟。

第二天——
我是山内水产，
来送货了。
高桥先生，这是今天货
的样品，请试吃看看。
好的。
嗯……
好吃！
我把货放这里了，
下次也请多多关照。
阿正先生！
您辛苦了。
我想检查一下今天
的货。
啊？
你是谁啊？
我是一名餐饮店顾问，为
全国的餐饮店提供咨询。
高桥是我的朋友，他好像最
近对采购这块比较头疼。
……
这是发票吗？
高，高桥先生……

……
秤显示的是 7.2kg，发票上却写了 8kg……
呃，
好奇怪啊……
在公司称的时候的确是 8kg 来着……
这明显就是欺骗嘛，虽然看上去很便宜，可实际上并不便宜。
你这是无理取闹嘛。
高桥，别跟这种奸商继续做生意了。
这样肯定会影响店里的业绩的！
我自己经营的居酒屋由于生意不好倒闭了……
营业额上不去啊……
等等！
……真对不起！
抱歉……

活
新鲜活
我会让公司里最优秀的销售员代替他来跟贵公司打交道的。今后还请多多关照！
真的非常抱歉。
不是这个意思，社长！
……
请让他继续担任本店的业务！
可以吗？
但是如果他下次再缺斤少两的话，社长就要开除他！
非常感谢！
这样处理可以吧？
没问题！
今后样品请按原价出售！
不行不行。
样品还是免费提供给贵公司。

这样做不行!
请听我说!
这样做就容易让他生出邪念来!
您应该觉得免费提供试吃样品，就容易让顾客定期购买吧。
但样品也是要花钱的。
是的。
而我们餐厅希望为顾客提供美味的食物!
……
因此，我们才希望花钱认真评价样品。
所以，我们也希望你们能认真给我们报价。
知道了。
我们承诺一定认真对待。
我们店里过去经常对比各家供货商的价格。
因此你们也想压低价格成为我们的供货商对吧。
你们要是能这么做，我们也不会让其他店铺报价、对比价格的。请放心。
是的啊……
不过如果这么做的话，你们应该也会担心不知道什么时候会被其他供货商给比下去，对吧?

嗯，正如你所说。
如果这么想，你们就不可能提出好的方案来。
特别是在现在经济不景气的时期，更要相互照应，相互合作，从而形成双赢的关系。
……你说得没错。我理解了。
还有一件事希望您理解！
是什么？
希望把账期变更为120天。
啊～！
这么长啊！
我还从未听说过这样的买卖。
话都说到这个份上了，所以希望您知道我们店是真心想和你们合作的。
两个月内付款也没问题。您可以先跟我们合作试试，再做出判断。
三个月后——
阿正先生！
我懂了！
贵公司要是生意兴隆的话我们也会跟着好起来。
就是这个道理。
那我们一起加油吧！

本节要点 餐饮咨询顾问 山下春幸

长期合作胜过短期买卖

当食材价格相继上涨时，很多餐馆都会烦恼该如何应对供货商突然提出的涨价要求。所以有些餐馆在被要求涨价前，会提前联系多家供货商让他们报价来对比价格，以维持采购价格不变。

但如果因为有的供货商报价仅仅便宜1块钱，餐馆就立即跟它合作的话，是十分危险的决定。低价提供的货肯定有什么地方是有问题的，最终会影响到自己。严重时甚至可能出现以次充好的情况。另外，如果餐馆一直找很多家供货商报价来对比价格的话，供货商也会担心什么时候会被餐馆出卖，从而导致双方都毫无信誉可言。

在当下这个时代，与可靠的供货商长期合作是非常重要的。即使是节约开支也要有个限度，餐馆想赚钱就必须努力提供优质的食品。为此餐馆就需要常常与供货商相互沟通，提升相互之间的信赖感，从而建立双赢关系，共同应对经济不景气的时期。

双方建立了良好的关系后，餐馆也可以与供货商协商延长付款的期限。虽然有些供货商会对此有所担心，但只要平时加强交流，相互间建立起了信赖关系，延长付款期限也不是不可能。

跟银行合作也是一个道理。只要日常多告诉银行的融资担当员本店是如何努力为顾客提供有价值商品的，就能促使他们理解。在经济不景气的时期，与长期合作的供应商加强合作非常重要。

第5章 减少人际关系摩擦

阿正的建议

“店里年长的员工是前辈，应怀着敬意与他们共事。”

第 21 条

缓解顾客等位时的焦急心情

哇！
这么多人在等位啊。
果然很受欢迎啊。
不过好像要等很久啊……
既然都来了就等等吧。
嗯。
人越来越多了……早知道会这样，就不上电视了。
我们两个人，有位子吗？
您有预约吗？
那边不是空着吗？
没预约。
那请您在这边等会儿。
大叔！
我们可是先来的！

我是本店的主管。
不好意思让您久等了！
我们会按顺序给您安排位子，请稍等。
那就拜托了！
先来的顾客都在这里等着呢。
有这么多人在等啊……
不好意思要让您久等了。
拿个本子来！
另外拿些小杯子装些饮料过来。
嗯，好的。
麻烦在这上面写上您的名字及人数。
请用。
谢谢。
现在有 4 人桌了！
让您 4 位久等了！
高桥先生！
这边请。

打烊后——
CLOSE
今天多谢您了！
我是一名餐饮店咨询顾问。
原来是这样啊。多谢您帮忙了。
昨天本地的电视台介绍了我们店，所以今天顾客就激增了……
这样啊。
以前等位的人最多也就 2–3 组人而已，还从未像今天这样，一下子来了这么多人。
大家都是冲着你们店的招牌汉堡才来的。
看样子这种状况还会持续一段时间。
虽然我很高兴能有这么多顾客，但看到顾客们焦急等待的面容，我心里也很不安啊……
这是难得的机会啊！
你要理解顾客的心情，尽力让他们安心等待。
那我该如何做呢？
明天开业前我再来看看吧？
请务必过来！
第二天——
れいんぼーがーでん
れいん
早上好！

早上好!
首先要明确等待的程序，从而减少顾客的不满。
如果顾客心中有不满，就是等到了位子，也不会有食欲。
在入口处放个预约台。
这样做的话，大部分顾客就能察觉到，然后主动在预约簿上填入信息。
预约簿上要设置名字、人数、吸烟还是不吸烟或二者均可等项目栏。
姓名 人数 吸烟 不吸烟
如此一来，就能避免昨天那样的问题。
而且最重要的是要告诉顾客大概的等待时间。
如果不知道大概的等待时间，顾客就无法判断是继续等待还是去别的地方用餐，而产生不满的情绪。
大概的等待时间吗……
观察湿手巾就能很好地把握等待的时间。
顾客坐下后，最开始使用的湿手巾应该是白色，顾客用完餐后湿手巾的颜色就会渐渐变黄，有明显的颜色变化。
通过这样观察湿手巾，就能确定是不是马上就会有空座位。

原来如此！
这样就能推测出大概的等待时间了。
嗯，这就是基本的应对方法。
而且还有一些办法，能让等待的顾客对我们充满感激之情。
啊？
都焦急地等了这么久还能……
除招牌的汉堡外还有什么主打菜吗？
店里的卷筒蛋糕不错。
它是店里最受欢迎的甜点。经常还有顾客打包带走。
这样就太好了！
给等待的顾客免费提供卷筒蛋糕吧。
这么做，餐后甜点就卖不出去了……
把它切成小块试吃就行。
原来如此。
这样做，很多顾客就会觉得虽然等了许久，但吃到了点心、喝到了饮料，所以也不亏。
说得没错！
这样，顾客应该也能以更加愉悦的心情用餐。
如果做得好，还能增加餐后甜点的点餐量。

三个月后——
欢迎光临。
要等多久啊？
您前面有5组人……
但有7桌的顾客马上就用餐完毕了……所以大概20分钟以内就可以为您安排座位。
这样啊。
请填写预约信息。
那我就等会吧。
谢谢！
不好意思让您久等了。这是本店免费赠送的甜点。
呵呵，好开心啊！还有免费甜点吃！
欢迎光临
阿正先生！
看样子做得不错嘛！
谢谢！
采纳了您的建议后，之前那些看电视介绍来的顾客都成了回头客。
卷筒蛋糕的销售也有了大幅提高。
太好了！

本节要点 餐饮咨询顾问 加藤雅彦

明确店内规定，平等对待每位顾客

生意兴隆的餐馆往往会有很多顾客排队等位。特别是一旦被电视节目等大众传媒介绍后，顾客就会激增。此时就容易产生问题，要特别引起注意。如果等位现场比较混乱，这说明餐馆应对不及时。所以即使现阶段没有什么问题，也要准备让等位的顾客能尽快入座。

关键是不要让顾客感到不满。如果顾客在就坐前就很不耐烦的话，就算店里的料理再好吃、服务再好，也难以让顾客满意。

最近很多餐厅设置了专门的机器可以自动发放预约号，或是通过手机短信联系顾客。不过最基本的方法还是让顾客在预约簿上写下自己的信息。比如漫画里阿正指导的那样，在入口显眼处放置一个预约簿，顾客就会主动填写信息。

肯定还有些顾客因为很少在外面吃饭，所以完全注意不到预约簿，一来就想“插队”。这时等待的顾客就会关注店员会如何处理此事。此时员工一定要公平对待，向插队的顾客说明店里的规定，让顾客遵守规定。如果因为对方是老年人或是常客就特别处理的话，其他顾客肯定会心怀不满。

如果预约号码靠后的顾客可以接受吸烟区座位或柜台座位，要先向其他等待的顾客通报后再给那位顾客安排座位。不这么做的话就有可能引起顾客的不满。其实只要明确规定，平等对待每位顾客，就能防止诸多问题。

第22条
活用年长的员工
静冈县某处——
让您久等了。
你怎么做的啊！
这样完全不对嘛！
……
我应该说过这边朝顾客吧。
我要说几遍你才能明白啊！
对不起……

今天店长好像心情不好啊。
十分暴躁啊。
一周前——
我的热情可比别人多一倍。所以把这家店买了，让她当新店的店长……
店长多大岁数啊？
刚满 20 岁。
她肯努力，工作应该没问题。
只是跟年长的员工关系不太融洽……
的确很年轻。
问题不那么简单啊……
所以我想拜托你！
嗯，
我试试看。
不过这需要一段时间。
我知道。
要是这家店做得好，就有希望开多家分店了。现在正是关键时刻，你好好帮帮我吧。
店长总是给人那种感觉吗？
嗯，
是的。

也许是我做得不对，不过她也用不着这么说吧……
……
而且她从来不听我们店员的意见。
比如什么事呢？
有个舀冰淇淋的勺子坏了，就拜托她买个新的来。
当时她说知道了，可第二天问起来她却直接说“忘买了”。
居然还有这样的事啊。
Pasta de Salad
坂井，你过来下。
以后不要再忘了！
你装盘的方式有些不对。
你下班后有时间吗？
嗯？……
COFFEE LOURGE
a de Salad

你每天干活都很认真啊。
是的。
我这么年轻就当上店长了，所以不能辜负老板的期待！
你是怎么看店员们的？
这正是我烦恼的事。
阿正先生您可能也注意到了，无论我怎么提醒，他们还是出错。
完全不按指示干活嘛。
他们应该不会那样的。
真的吗……
虽然店员们可能还没完全习惯工作，但只要拿出诚意跟他们沟通的话，他们应该会理解的。
嗯……
在你严格批评他人前，应该先建立起相互之间的信赖关系。
是……
只有被他人信任，你说的话他们才能听得进去。
……
你还记得被小林拜托买舀冰淇淋的勺子的事吗？
啊！
小林说店长从来不听他们店员的意见。
那个时候是实在太忙了，所以忘了……
你有备忘本吗？

日程本我倒是有……
在餐饮店工作基本上都是站着。
所以最好准备一本能放进口袋的小笔记本。
My Schedule
有什么用呢?
这样就可以记下被店员拜托的事，免得忘了。
嗯……
答应店员的事，就一定要做到。
通过做好每件小事，能建立起相互之间的信赖关系。
知道了!
我会改正的。
Pasta de S
小林，
不好意思你要的冰淇淋勺买晚了。
Ice Cream Disher
谢谢!
昨天我发现一家特好吃的奶油泡芙店!
真的?
那家店在哪啊?

我特别喜欢
奶油泡芙！
我也是！
大家一直都很努力地干活，明天我买来给大家吃。
哦耶！
……
第二天——
Pasta de Sala
这就是昨天说的奶油泡芙！
哇，感觉很好吃啊！
店长真的买来了啊！
你们不忙的时候尝尝看啊。
其实最容易忘的还是说句“谢谢”。
谢谢吗？
还是要直接对员工说些感谢的话。人都喜欢被感谢。
最近好像是没对他们说过谢谢……
如果被店长感谢的话，员工就会觉得自己是店里不可缺少的一员。
……

一旦员工有了主人翁意识，自然就会为店里多考虑并付诸行动。
嗯！
另外，最好常常发现员工的长处并加以表扬。
这样员工就会充满斗志。
我懂了！
另外，要把年长的员工当成是前辈以诚相待。
在店里，店长是可以对员工下命令，但对方都是些主妇。
她们的人生经验要比你丰富得多。
有时可以拜托他们些事看看。
比如你有什么事想跟他们商量的时候。
好，
我知道了。
パスタ・デ・サラダ
Salad
Pa
最近我跟我男朋友相处得不是很愉快……
唉呀，今天店长不强势啊。
难得找我们说话啊。
你别笑我。我是认真的。
对不起，对不起。
我和我老公结婚前也有过很多不愉快的事。你有问题就问吧！
谢谢！
不愧是前辈，就是靠得住。

本节要点 餐饮咨询顾问 岩本留里子

认可对方，激发对方的动力

在餐饮业，20多岁就当上店长的人并不少见。正如本节漫画中的故事那样，很多人初次被委任店长时，可能都烦恼过该如何与店员搞好关系。很多被提拔为店长的年轻人都会加倍努力。由于责任感强，所以当看到新来的员工或老员工有什么地方做得不妥时，就想要严格地指导对方。但此时一定要先沉住气，把握好员工的性格及技能后再渐渐提高要求。

对年轻店长而言，如何与年长的员工相处是一个难题。年长的员工是前辈，所以需要对他们怀有敬意。有时可以找他们商量事情，这样就能体现出对他们的尊敬之意。其实无论对方年龄大小，想要和每位员工都相处融洽的话，关键是要认可对方的存在。对方努力工作后应该说句“谢谢”来表达感谢之意。表扬对方能激发对方的干劲，让对方继续用心工作。

当发现对方的问题时，万万不可当场就严厉指责。这样做只会令对方把自己的内心封闭起来。所以首先应该肯定对方做得好的地方，然后再指出对方的不足之处。这样对方也愿意听你讲下去。如本节漫画中的故事那样，答应对方的事就一定要办到，这就是认可对方存在价值的一种体现。当其他员工也在场时，表扬或感谢某位员工能提升效果。其他员工也能从中了解到店长的想法及评价的要点，从而反省自己的行为。

第23条
削减成本需要考虑顾客的感受
茨城县某处——
好久不见，伊藤兄。
?!
哇，阿正啊！你来得正好！
真是好久不见了。

今天要尝尝我们店的特色料理吗？
好！
我也一直期待着呢。
让您久等了。
MENU
金華
今天店里有点闷热啊。把空调开大点吧。
哦，好的……
对了，以前夏天，炎热天气持续的日子里，这家店的空调好像也不给力啊。
不好意思……
洗手间里的灯也不亮，刚刚差点摔了。
特地来你们店吃饭的，但现在兴致全没了。
……
阿正，给你介绍一下。这是新任的店长木下。
你好，
我是新任店长木下。经常听老板提起您呢。
是不是说我话很多啊？
没有，都说您是位靠得住的人呢。

料理的味道怎么样啊?
还是那么好吃!
拉面 550 日元，饺子 250 日元，一点都没涨价啊。
既要保持品质又要控制价格，这样应该不太好做吧?
我是绝对不想降低食材的品质的。
我一共开了 4 家店，常跟木下在内的 4 位店长一起讨论该如何削减食材以外的开支。
比如固定空调的温度，夏天最低 27 摄氏度，冬天最高 20 摄氏度。这也是削减开支的一种方法。
想节约电费，是吧。
你的想法我理解。
但如果继续这么下去的话，很多顾客就不会再来了!
啊?
啊，为什么啊?
如果削减开支的方法不当的话，不仅顾客会流失，还会增加员工的负担。
你们看看那位男顾客吧。

因为热，一直在扇扇子呢。
其实还有很多其他削减开支的好办法。我们坐下谈谈吧。
那就拜托了。
刚刚你是不是也很困惑啊，
要不要改变空调的设定温度。
店里不能再削减员工费用了。
员工的工资也不是很高，所以没办法削减人员费用。
人才是店里的宝。所以不在人员费用上做调整是对的。
因此我们才想尽量减少在高额的电费上的开销，设定了空调的温度。
最近气温不是很稳定，夏天是特别的热……
不论料理有多好吃，如果店里夏天热冬天冷的话，顾客也不会来。
顾客要是在舒适的环境中品尝料理的话，会觉得味道更好。
确实入夏后顾客有些减少了……
因此应该节省不必要的开支，比如可以关上洗手间的灯，并贴张纸告诉顾客使用时请自主开灯。
使用完毕后，请关灯。
TOILET
比如在早会时叮嘱员工关上背景灯，在小细节上省电等……

即使这么努力地节约用电了，电费是不是还是没有减少啊？
是的。
真的吗？
就算关了洗手间的灯和背景灯，每个月的电费也就减少那么几百日元而已。
您说得没错。
但如果不削减成本，就提高不了利润……
要节约电费可以变更“用电套餐”。
虽然用电套餐会因电力公司不同而有所不同，但不管哪家电力公司都为商户提供了10种以上的套餐可供选择。
居然有那么多种套餐啊？
这不错啊！
我的一位顾客的店里，仅仅只是变更了用电套餐就节省了10%以上的电费。
那该如何选择用电套餐呢？
你可以看看过去的电费明细。
你也可以联系电力公司的客服，跟他们商量商量。
他们会过来看看厨房及空调的用电情况，并给出合理的方案。

好的，
我们马上确认看看！
嗯！
除了电费还有什么地方能削减开支吗？
你们店想一直保持食材的品质。
所以也当然可以考虑如何减少食材的浪费。
嗯，
每次进货前都会认真预估。
还充分利用鱼杂碎及根菜的叶子，减少了垃圾排放量。
垃圾变少了，垃圾处理费用自然也会减少。有些垃圾处理业者会敷衍了事，所以你们一定要自己确认垃圾排放量。
你们变更垃圾处理的套餐了吗？
啊……
还是开业时签约的套餐。
你去问问看看吧！
好的。
关于员工制服及厨师衣服的清洗问题，你们是怎么做的？
都是由每家分店自己处理。
可以试着和洗衣店协商，看能不能把4家分店的衣服统一在一家店清洗，这样可以降低清洗费。
好办法。告诉各店的店长，这是我的指示。
原来还能这样节省开支啊。
原本以为固定空调的温度就能节省开支……看来为了创造舒适的用餐环境，我们还是要从其他地方入手来节省开支。

这就对了。
真是茅塞顿开了。
还真是要灵活地节省开支才行啊。
两周后——
中華料理
中午好！
欢迎光临！
今天卫生间的灯及背景灯都开了啊。
是的。
也不用再小心翼翼地省电了。电力公司为我们更改了用电套餐。
跟垃圾处理业者商量减少排放量了。
另外我们还让几家清洗店同时报价，最后跟一家性价比高的清洗店签约了。
削减开支做得不错嘛。
员工早上开会时，也说店里工作环境变好了。
啊，阿正啊！
你来了啊。
店里感觉不错嘛。
以前流失的顾客也渐渐都回来了。
哇，
那就太好了。

本节要点 餐饮店咨询顾问 中谷基之、八重橡信夫

削减成本做得不当，会导致顾客流失

很多餐饮店都认为，要想削减成本就得从人员开支及原材料费用上入手。不过如果削减食材采购费用，就很难保证料理的品质，这样恐怕会流失顾客。另一方面，如果削减人员开支，就难以确保优秀的人才。所以就要考虑其他途径来削减成本。

比如电费、垃圾处理费及衣物清洗费，这些费用虽然金额不大，但如果每项都能削减5%的话，就能保证在不裁员、不削减食材费用的前提下节省开支。只要料理的质和量不下降，就不会流失顾客。同样，不裁员的话，员工也能安心工作。

除食材费用及人员费用外，还可以考虑从以下4方面节省开支。

1. 确认店里的各项支出费用及单价

根据明细及申请书确认用电套餐及垃圾排放量，看看现在的用电量及垃圾排放量和签约时有没有变化。

2. 收集其他业者的信息

收集签约业者竞争对手的价格及服务等信息。

3. 商讨调整费用

通过把握现状及对比各行业的信息后，开始与现在的签约业者商讨能否降低价格。另外，也可以让多家公司报价，选择一家性价比较高的业者。

4. 自我节约

比如可以试着在没人时关灯，或者在店里清洗衣物。

以上这4点需要按顺序从1开始做。有些餐饮店可能1–3都没有做，一下子就开始进行4，这样做，最终只会是徒劳无功。

第24条

严格指导打工学生

打扰了，
中午开始营业了吗？
是的，
请进~
由美，
我想跟你说件事。
啥事？
前几天……
……真没办法。
她是打工的学生吧？
啊？
嗯，是的。
现在正是暑假呢。
是的……
年轻又阳光是挺好的，不过在店里干活也像个学生似的……
你对这事很烦恼吧？
嗯，
是的。
呵呵……
不小心让你看穿了！
好惭愧啊。
打烊后——
她好像不知道区分朋友和顾客……
说话也完全不拘礼节。

和同事说话也很随便啊。
嗯……
其他员工也被她传染了，都像学生似的。
那你为什么不提醒她呢？
她来这里打工才一个星期。
而且是第一次出来打工。
所以趁现在要加以指导，否则以后就不好办了！
我刚刚也在想这么说话好吗？
如果对现在的年轻人动怒，他们会立即进行反驳吧？
也不全是这样的人啊。
你想想顾客的感受。
现在她这样的待客方式，你觉得合适吗？
不太合适……
我们店并不是让顾客慢慢品酒的店啊……
很多顾客都是匆匆来，匆匆吃完就走。
有些顾客可能会困惑，怎么被她问“是从哪儿来的啊”。
她应该也知道不该这么问吧。

不过话说回来，
我该如何让她注意呢？
那你按我说的做吧。
准备好了吗？
她做完眼前的这件事，你就过去提醒她……
好的！
由美，
你过来一下好吗？
来了！
冷静、控制情绪
什么事，
店长？
你待客时又阳光又有活力，这点很好。
谢谢！
不过……
我们店不是让顾客慢慢品酒的地方。很多顾客都希望快点吃完快点走。
是啊。
亲切地接待顾客是可以的，但跟顾客搭话太多，就会浪费顾客的时间了。
的确是这样……
另外还希望你注意一下自己的说话方式。顾客不是朋友。你在这里是店员，干活赚钱。虽然你是学生，但在这里不能还像学生似的。

嗯，嗯，
指导得很到位！
你明白了吗？
那么，你先看看我是怎么接待顾客的。看看有什么地方你做得不妥。
好的！
欢迎光临！
您二位要点什么？
不错不错，由美在认真观察了。
……知道了。
请您稍等。
嗯，
店长的待客方式好纯熟啊……
不过一点也不会让人觉得冷漠……
这是为什么呢？
怎么样啊？
说话很简练啊。
最后还带着笑容离开，一点都不会让人觉得冷漠！厉害！
哈哈……
算不上厉害啦……

我也注意到自己的措词了。
不错啊。
那今后就拜托了。
由美，刚刚那位顾客啊……
对不起。
我现在在学习店长的待客方式。有话一会儿再说好吗？
由美怎么样啊？
哈哈！
我还以为她会生气呢，但她很虚心地在学习……很意外啊。
我可能之前太把她当学生对待了。
没错。
学生也好，老员工也好，都要尽心尽责地工作才行。
她还在工作时和其他员工说话吗？
她开始集中精力用心工作了。
把兴趣和工作结合起来最好。
我看她很感兴趣地在看你怎么待客呢。

对于爱说话的员工就要
找点活让他干。
找活吗?
洗碗、扫地等也可以。
当然要在过了午餐高峰
时段，没事干的时候。
知道了!
我试试看。
你现在把这些碗
洗了吧。
过一会儿就要忙
起来了。
是。
由美，
你去清扫一下店门口附近。
好的!
一个月后——
啊，阿正先生!
欢迎您再次光临。
您这边请。
店里给人一种忙碌
的感觉。
嗯。
我还是想让阿正先生看看店里
员工的工作情况。

本节要点 **餐饮咨询顾问 加藤雅彦**

指导打工学生如何把工作做好

很多老板、店长都很困惑应该指导打工学生到哪种程度为好。你是否也觉得对于暑假临时雇佣的学生，不用要求他们事事都做得完美呢？

虽说他们是学生，但由于打工时间有限而不对他们做充分的指导，到头来对双方都没有好处。本人指导过很多餐厅后，发现如果员工在工作时爱说话，分不清是在工作还是在玩，这样的店员工离职率就会很高。所以无论是学生还是短期雇佣工，都要让他们认真工作。

当然，员工间关系融洽很重要。在工作时偶尔说话也不是完全不好。但如果员工讲话讲得很开心就容易怠慢顾客。所以为了防止流失顾客，领导一开始就要告诫爱讲话的员工“这不是交友、找男女朋友的地方”。特别是用餐高峰时段后，更要引起注意，因为这时员工容易松懈下来。

这时可以让员工打扫卫生或清洗餐具，总之不要让他们闲下来。另外，只要认真指导员工，就能让他们认识到工作的意义。就算学生只能在暑假期间打工，他们肯定也会认真干活。

现在就业形势不好，所以很多学生都会通过打工来锻炼自己，为找工作做准备。他们想通过打工学习工作及社会人的姿态。所以不要把他们只当成是学生，要认真指导他们。

第25条
密切留意进行性骚扰的顾客
香川县某处——
好久不见。
你还是一如既往地给餐厅做咨询呢啊。你的事我都听说了。
我正好有事拜托你呢。
什么事?
看某家店有问题，我就是沉默不下来啊，也许我就是多事吧……
你就是这样。
我有个晚辈三年前开了家居酒屋，顾客倒是不少，不过店里的女员工不到一个月就会辞职。
才一个月?

虽说在餐饮店打工的人不会做得长久，但这未免也太短了吧。
但好像店里的男员工却一直干着，还是刚开业时雇的那些人。
只有女员工辞职啊……
应该有什么原因吧，那我过去看看吧。
他是个不错的晚辈。
我们想相互帮忙重振餐饮业。
请一定给我们些建议。
明白了！
和里酒屋
阿正先生，我在此恭候多时了。
我不知道为什么店里女员工刚来不久就会辞职……现在只有一个女员工。
你发现有什么地方不妥吗？
完全没有。男员工却能一直干很久……
那先观察一下店里的情况吧。
那就拜托了。
欢迎光临！
川口先生，谢谢您再次光顾。

铃木，
你把菜单拿过来。
好的。
请看。
先给我来杯啤酒和一碟蚕豆吧，小铃木。
知道了。
小铃木，你给我倒杯酒吧。
好的……
你的手好可爱啊。
这个戒指是你男朋友送的？
不是。
让您久等了。
小铃木这么可爱，你想要什么都会有很多男生送你吧？
没这回事。
晚上经常去约会吧？
你的皮肤好光滑啊。
我先失陪了。
小铃木，
我要点菜。
不好意思。您要点什么？
你叫小铃木过来。
您要点什么？
你说话不要这么冷淡嘛。我是想见你才来的。

打烊后——
今天已结束营业
店长！
对不起，我想辞职。
啊？
你来了还没有两个月啊！
之前不是说好能干一年的吗？
你干活很认真，很靠得住啊。
抱歉……
我也想长期干下去的。
但我觉得我好像不太适合这份工作……所以请让我辞职吧。
你有什么原因吗？
如果我们有什么需要改善的地方请说明。
没有，大家对我都很好。
就是我觉得我不适合这份工作。
店长，我们三个人一起说说话吧。
好的。
铃木，
这位是阿正先生，是专门解决餐饮店问题的专家。
咦？
您是怎么知道的？
铃木小姐，您是不是因为名叫川口的那位顾客才辞职的？
那个人对铃木小姐讲了很多失态的话。
店长你没注意到吗？
嗯。
川口先生喝醉后有时可能会讲出猥亵的话……

我以为对那种程度的行为也没什么办法，就当作没看见了。
如果那位顾客每次来，都说那些话并动手动脚，会伤害到铃木小姐。
铃木小姐，难为你了。
这样不行啊！
那位叫川口的顾客在铃木小姐来之前，肯定也骚扰过其他女员工吧。
这么说的话，好像每个女员工都有这种感觉。
关于那位顾客的性骚扰行为，我会和店长好好谈谈，保证今后不再发生这种事情。
请放心。
对不起，是我大意了。
我们会考虑对策的。您能不能先别辞职？
好吧。那就拜托了。
你辛苦了。
这个店里，女员工辞职率高的原因就是因为顾客的性骚扰。
原来是这样啊。一直没发觉。
要是顾客直接触碰女员工的身体或说些猥亵的话，我肯定会注意到。
像川口先生那种程度的言行，我以为是在女员工能应对的范围之内……

性骚扰问题其实非常棘手，有些女性不知道该如何应对。所以就会像铃木小姐那样受到伤害。
是的。
川口先生从我们店开业至今每周都会来两次，是位老顾客了。
可能女员工就是每回都被他骚扰后，才想辞职的。
不过大家都不愿意和别人谈性骚扰的事。要是再有员工辞职，我就直接让川口先生注意些。
很多受害者确实都不愿意谈被性骚扰的事。
首先是因为难以启齿，另外就算讲出来了，有些店长甚至会觉得“这种程度的行为你忍忍就过去了”或“被骚扰者自己也有问题”。
我是绝对不会说这样的话的。
我一直都想为大家创造愉悦的工作环境呢。
要是这样，就完全可以进行改善。
要是不把川口那样的行为当回事，那么来店里的顾客也会发生变化。
怎么说?
容忍性骚扰的店，手脚不干净的男顾客自然会增多。
这么说，
最近除了川口先生以外，好像还有其他顾客也有言行上的骚扰。
要是这样，女性顾客就会减少。常常发生性骚扰的店会让女性顾客觉得不自在。
啊?
糟糕!
那得快点想对策啊!
要是顾客下次再对女员工进行骚扰，是不是以后就不该接待他了?

在拒绝接待以前还有很多其他的方法。
比如下次川口先生再来，就一定要让男员工来应对。
如果他对男性员工有所不满，他自然也不会再过来。
说得有道理。
即便这样，如果还是发现顾客对铃木小姐有言行上的性骚扰的话，店长就要立即出马。
是不是严厉警示他就行呢？
在店里直接那么做，会让他在众人面前很没面子，而且店里的气氛也会变坏。
你可以先写张纸条告诉他“女性不喜欢你这样的行为，请自重”。
原来如此，
就是发“黄牌”嘛。
是的。
如果这么做仍没效果，就要发“红牌”了。
就是明确告诉他，店里不再接待他！
这时写纸条，也不会被其他顾客知道。
很多顾客应该在接到“黄牌”后，就会收敛自己的行为。
变化会这么明显吗？
很多性骚扰他人的顾客，同时也会被其他餐厅拒绝接待。
如果一直恶行不改，那样的人今后就没有地方可去了。
是啊，
总之要让他知道性骚扰的严重后果。

本节要点 特定社会保险劳务担当 大西纪子

一开始就要注意顾客的行为

本节故事里，阿正发现了顾客的性骚扰行为，并想出了对策。可是当员工遭到性骚扰时，多数情况下都不会把这种事情告诉上司或店长，只是随便编个理由就请辞了。

这是因为受害者已经被加害者的言行所伤害，如果再把这种事情告诉别人，就等于是往伤口上撒盐，要再次回忆起不愉快的事。

这位店长在被阿正提醒前，都觉得“被顾客拉拉手也是没办法的事”，实际上在这个阶段店长就要引起注意。如果置之不理，顾客就会认为餐馆容忍自己的这种行为，接下来恐怕就会直接触碰员工的身体，行为会越来越放肆。另外，不光是行为上的骚扰，口头上的骚扰也会给被害者带来精神上的痛苦。

为了不放任这种顾客的行为，店长等责任人就要展现出毅然的态度来警示顾客。给顾客递小纸条这种方法既不会让其他顾客知道，也能保持店里的良好气氛。

不过店长不可能一直盯着某位顾客，如果店里有这种顾客，可以事先约定一些暗号，比如当员工说“A 桌的椅子不太好使”时，店长听到后就能立即前去提醒顾客。

对于这种手脚不干净的顾客，店里是选择让他注意自己的行为，还是拒绝接待他，这要看“他的行为会不会破坏店里的气氛，会不会骚扰到其他顾客”。如果超越了这条底线，就算是老顾客也要坚决拒绝接待，这样才能保证店里拥有良好的顾客群。

“服务的细节” 系列

《卖得好的陈列》：日本“卖场设计第一人”永岛幸夫

定价：26.00 元

《为何顾客会在店里生气》：家电卖场销售人员必读

定价：26.00 元

《完全餐饮店》：一本旨在长期适用的餐饮店经营实务书

定价：32.00 元

《完全商品陈列 115 例》：畅销的陈列就是将消费心理可视化

定价：30.00 元

《让顾客爱上店铺 1——东急手创馆》：零售业的非一般热销秘诀

定价：29.00 元

《如何让顾客的不满产生利润》：重印 25 次之多的服务学经典著作

定价：29.00 元

《新川服务圣经——餐饮店员工必学的 52 条待客之道》：日本“服务之神”新川义弘亲授服务论

定价：23.00 元

《让顾客爱上店铺 2——三宅一生》：日本最著名奢侈品品牌、时尚设计与商业活动完美平衡的典范

定价：28.00 元

《摸过顾客的脚才能卖对鞋》：你所不知道的服务技巧，鞋子卖场销售的第一本书

定价：22.00 元

《繁荣店的问卷调查术》：成就服务业旺铺的问卷调查术

定价：26.00 元

《菜鸟餐饮店 30 天繁荣记》：帮助无数经营不善的店铺起死回生的日本餐饮第一顾问

定价：28.00 元

《最勾引顾客的招牌》：成功的招牌是最好的营销，好招牌分分钟替你召顾客！

定价：36.00 元

《会切西红柿，就能做餐饮》：没有比餐饮更好做的卖卖！ 饭店经营的“用户体验学”。

定价：28.00 元

《制造型零售业——7-ELEVEn 的服务升级》：看日本人如何将美国人经营破产的便利店打造为全球连锁便利店 NO. 1！

定价：38.00 元

《店铺防盗》：7 大步骤消灭外盗，11 种方法杜绝内盗，最强大店铺防盗书！

定价：28.00 元

《中小企业自媒体集客术》：教你玩转拉动型销售的 7 大自媒体集客工具，让顾客主动找上门！

定价：36.00 元

《敢挑选顾客的店铺才能赚钱》：日本店铺招牌设计第一人亲授打造各行业旺铺的真实成功案例

定价：32.00 元

《餐饮店投诉应对术》：日本 23 家顶级餐饮集团投诉应对标准手册，迄今为止最全面最权威最专业的餐饮业投诉应对书。

定价：28.00 元

《大数据时代的社区小店》：大数据的小店实践先驱者、海尔电器的日本教练传授小店经营的数据之道

定价：28.00 元

《线下体验店》：日本“体验式销售法”第一人教你如何赋予 O2O 最完美的着地！

定价：32.00 元

《医患纠纷解决术》：日本医疗服务第一指导书，医院管理层、医疗一线人员必读书！ 医护专业入职必备！

定价：38. 00 元

《迪士尼店长心法》：让迪士尼主题乐园里的餐饮店、零售店、酒店的服务成为公认第一的，不是硬件设施，而是店长的思维方式。

定价：28. 00 元

《女装经营圣经》：上市一周就登上日本亚马逊畅销榜的女装成功经营学，中文版本终于面世！

定价：36. 00 元

《医师接诊艺术》：2 秒速读患者表情，快速建立新赖关系！ 日本国宝级医生日野原重明先生重磅推荐！

定价：36. 00 元

《超人气餐饮店促销大全》：图解型最完全实战型促销书，200 个历经检验的餐饮店促销成功案例，全方位深挖能让顾客进店的每一个突破点！

定价：46. 80 元

《服务的初心》：服务的对象十人百样，服务的方式千变万化，唯有，初心不改！

定价：39. 80 元

《最强导购成交术》：解决导购员最头疼的55个问题，快速提升成交率！

定价：36.00元

《帝国酒店——恰到好处的服务》：日本第一国宾馆的5秒钟魅力神话，据说每一位客人都想再来一次！

定价：33.00元

《餐饮店长如何带队伍》：解决餐饮店长头疼的问题——员工力！ 让团队帮你去赚钱！

定价：36.00元

《漫画餐饮店经营》：老板、店长、厨师必须直面的25个营业额下降、顾客流失的场景

定价：36.00元

《店铺服务体验师报告》：揭发你习以为常的待客漏洞 深挖你见怪不怪的服务死角 50个客户极致体验法则

定价：38.00元

《餐饮店超低风险运营策略》：致餐饮业有志创业者 & 计划扩大规模的经营者 & 与低迷经营苦战的管理者的最强支援书

定价：42.00元

《零售现场力》：全世界销售额第一名的三越伊势丹董事长经营思想之集大成，不仅仅是零售业，对整个服务业来说，现场力都是第一要素。

定价：38.00 元

《别人家的店为什么卖得好》：畅销商品、人气旺铺的销售秘密到底在哪里？ 到底应该怎么学？ 人人都能玩得转的超简明 MBA

定价：38.00 元

《顶级销售员做单训练》：世界超级销售员亲述做单心得，亲手培养出数千名优秀销售员！ 日文原版自出版后每月加印 3 次，销售人员做单必备。

定价：38.00 元

《店长手绘 POP 引流术》：专治“顾客门前走，就是不进门“，让你顾客盈门、营业额不断上涨的 POP 引流术！

定价：39.80 元

《不懂大数据，怎么做餐饮？》：餐饮店倒闭的最大原因就是“讨厌数据的糊涂账”经营模式。

定价：38.00 元

《零售店长就该这么干》：电商时代的实体店长自我变革。

定价：38.00 元

《生鲜超市工作手册蔬果篇》：海量图解日本生鲜超市先进管理技能
定价：38.00 元

《生鲜超市工作手册肉禽篇》：海量图解日本生鲜超市先进管理技能
定价：38.00 元

《生鲜超市工作手册水产篇》：海量图解日本生鲜超市先进管理技能
定价：38.00 元

《生鲜超市工作手册日配篇》：海量图解日本生鲜超市先进管理技能
定价：38.00 元

《生鲜超市工作手册副食调料篇》：海量图解日本生鲜超市先进管理技能
定价：48.00 元

《生鲜超市工作手册 POP 篇》：海量图解日本生鲜超市先进管理技能
定价：38.00 元

《日本新干线 7 分钟清扫奇迹》：我们的商品不是清扫，而是“旅途的回忆”
定价：39.80 元

《像顾客一样思考》：不懂你，又怎样搞定你？
定价：38.00 元

《好服务是设计出来的》：设计，是对服务的思考

定价：38.00 元

《让头回客成为回头客》：回头客才是企业持续盈利的基石

定价：38.00 元

《餐饮连锁这样做》：日本餐饮连锁店经营指导第一人

定价：39.00 元

《养老院长的 12 堂管理辅导课》：90%的养老院长管理烦恼在这里都能找到答案

定价：39.80 元

《大数据时代的医疗革命》：不放过每一个数据，不轻视每一个偶然

定价：38.00 元

《如何战胜竞争店》：在众多同类型店铺中脱颖而出

定价：38.00 元

更多本系列精品图书，敬请期待！